カラー写真1
自宅近くの雨上がりの公園で葉っぱを接写した写真だ。葉の上の水滴が瑞々《みずみず》しい。さすが、ピアノ専用音源だけあって、AのIvory IIはきれいな音がする。写真のような空気感をうまく表現できていると思う。

（本文17ページより）

カラー写真2
先に演奏されるA、つまりIvory Ⅱよりあとで演奏されるBのXpand!2のほうが写真2の感じを出していると思う。Ivory Ⅱのほうは、音色そのもののパフォーマンスは高いのだが、どこかのんびりした雰囲気がする。それに比べ、Xpand!2のほうはもっと直線的な音で、写真2のシャープな感じがよく出ている。

（本文18ページより）

カラー写真3
自宅近くの太陽が燦々《さんさん》と降り注ぐ夏の日の公園の写真だ。

（本文140ページより）

カラー写真4
4は3と何が違うから粗く見えるかというと、4のほうが解像度が低いからだ。
（本文 140 ～ 141 ページより）

カラー写真5

カラー写真6

写真3と4の中央、同じ箇所をそれぞれ拡大したのが写真5、6だ。写真6は□が並んでいることが見えてしまっている。写真5も実は□が並んでいるのだが、こちらは一つひとつの□が小さいので見えない。

（本文 141 ページより）

カラー写真7
永観堂（京都市左京区）の入り口付近（総門というらしい）にある見事な紅葉だ。真っ赤に染まった葉がすばらしい。

（本文 145 ページより）

中央より少し上の左の葉は……
中央より上の葉は……
同じくらいの大きさの葉が３枚……

カラー写真8
１枚１枚の葉を見れば赤でもいろいろな濃さがあることがわかる。赤以外の色も混ざっている。中央より少し上の葉は黄色かオレンジ色が混ざっていて葉脈がくっきり見える。葉の形も同じものはなく、中央より少し上の左の葉は内側に少し丸まっているようだ。中央には同じくらいの大きさの葉が３枚見えるが、この３枚にしてもまったく同じではない。

（本文145ページより）

著者撮影

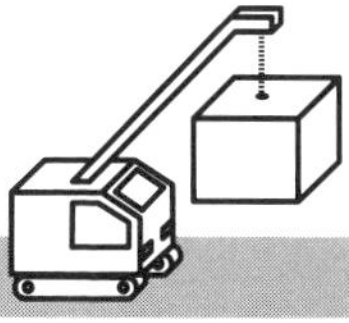

良い音の作り方

永野光浩流・DTM音楽制作仕事術

永野光浩 著

Stylenote

はじめに

絶対的に良い音というのは存在しない。だから必ず良い音が出るという機材も存在しない。しかし一方で、良い音の感触がするというエリアはジャンルを問わず共通にあって、この本を手にした方は、そのエリアに入れずに困っている方だと思う。

私はＤＴＭ初級～中級の方々の作品を聴く機会があるが、彼らに共通する悩みは「音が良くない！」だ。どうすれば音がもっとカッコよくなるんですか？　とか、どうすればもっといい音になるんですか？　などはよく受ける質問だ。パソコンが発達して誰でもプロと同じツールが使えるようになってきたのに、それでも依然としてプロとは音が違い、良い音のエリアに入れずにいる。

私自身が曲を作るときのことを振り返ってみると、たとえば音色を選ぶときには「この音はダメだなあ……うん、こっちの音は使えそうだ！」と〝感覚〟で音色を瞬時に選択している。しかし、最初に選んだ音はなぜダメだと思ったのか、なぜあとで選んだ音は使えそうだと思ったのか、これらを言葉で説明するのは難しい。まして他人の曲を添削するにあたっては、よくないと思った音の〝よくない理由〟を説明するのは短い言葉では限界がある。たとえば〝この音は低音が出すぎているから、もっとおさえたほうがいい〟などと言えなくもないが、それはもっと大局的な問題の〝ある側面〟でしかない。そこで私は、帯域とかエフェクターのかけ具合などの技術的なことだけでなく、制作環境の充実をすすめたり、その曲はどういう思いで作ったのかを聞いたり、さまざまな角度からアドバイスをするようにしている。そのほうが根本的な問題の解決になり、良い音のエリアへと導けると思うからだ。

そういったわけでこの本は、つまみをこうすればいいとか、〇〇のエフェクターはいいというような表層部分にはウェイトを置いていない。これまであまり語られてこなかったもっと深い部分にウェイトを置き、コンピュータで作る音楽に対する考え方を啓発する本となっている。

第1章では良い音を出すための考え方を、第2章では機材周りについて、第3章では良い音の定義について実例を挙げながら私の考えをまとめてみた。第4章では私の実際の制作過程を紹介している。

10年以上前、私がはじめてＤＴＭ関連の本を書くことになったとき、当時お世話になった編集会社の平田潤社長から「永野さんのにおいがプンプンするような本にしてください」と言われたが、この本もその言葉どおりの本にしたいと思う。だから、自《おの》ずと主観的・独断的なことが多く含まれるし、偏った考え方も多くあるだろう。本書の内容は私自身の考え方・方法論であるから、それがすべての人に当てはまるとは思っていないが、確実に本書の内容も1つの方法である。〝こうすればキミにもできる！〟みたいな通り一遍《ぺん》のやさしくきれいな言葉を並べるのではなく、ありのままを書き、伝えたいことをしっかり伝えたいと思っている。この本が、コンピュータで音楽を作る新たなきっかけとなればうれしい。

■本書で紹介されるオーディオファイルと動画ファイルの視聴方法

本書には、「オーディオファイル01」〜「オーディオファイル31」とコラム内に「オーディオファイルcl-01」〜「オーディオファイルcl-03」、また、2つの動画ファイルが用意されています。

いずれも、インターネット上で視聴が可能です。

スタイルノート視聴ページURL

http://www.stylenote.co.jp/0159

オーディオファイルについて

弊社ホームページで聴くことができる音源はWAVファイルです。無圧縮の音源ですので、著者が作成した音そのものを聴くことができます。

動画ファイルについて

右記の弊社ホームページで観ることができます。YouTubeのデータを貼り付けてあります。

いずれも、YouTubeの「スタイルノート・チャンネル」でも視聴が可能ですのでご利用ください。

YouTube「スタイルノート・チャンネル」URL
https://www.youtube.com/user/stylenotebook

※YouTubeに掲載されているオーディオファイルの音源は弊社ホームページと同じ音源ですが、圧縮されたものですので、音質が低下している可能性があります。

スタイルノート視聴ページ
http://www.stylenote.co.jp/0159

YouTube「スタイルノート・チャンネル」
https://www.youtube.com/user/stylenotebook

もくじ

第2章 システム作り〜弘法も筆を選ぶ

第3章
良い音の追求〜弘法筆を選ばず

第4章

実際の制作過程を見てみよう

COLMUN

第1章
イメージを固める

1 作る曲を決める

もともと音には、絶対的に悪い音というものは存在しない。オーバードライブやディストーションの効いたギターの音を考えてみれば、それは容易に理解できる。これらはいわば歪（ひず）んだ音だ。ギターアンプへわざと過度の入力を与えて、あるいは電気的に音を破壊して歪んだ音を出している。普通に考えれば壊れた音が良い音であるはずはないが、ロック・ミュージックのなかではそれが最高にカッコイイ音となる。

シンセサイザー（含ソフト音源）のプリセット音源を順番に聞いたことがあると思う。〝良い音だ〟と思うこともあるが、〝何だこの音は？　これは使えない！〟と思ったこともあるはず。果たしてその音は本当に使えない音なのだろうか。プリセット音は、いわばそのシンセサイザーを開発したメーカーの〝おススメ音色〟だ。使えないような音をプリセットするはずがない。〝使えない〟と思った音も、その音を作った（プログラムした）人にいわせれば、ぴったりした使われ方がある。あなたにとっては使えない音かもしれないが、それを効果的に使う人が世界のどこかにいるということであり、ただあなたの音楽のなかでは〝使えない〟ということに他ならない。

POINT!

「つまり音は、適材適所であるか否かで、良い音にも悪い音にもなる」

このように考えれば、良い音を出すための第1歩は、曲を作りはじめる、そのまさに最初の瞬間にあるといえる。

あなたは曲を作りはじめるときに、曲のイメージをもたないままパソコンに向かってはいないだろうか。イメージがないままに音色を選んでいたのでは、良い音を手にすることはできない。適材適所を形作れないからだ。良い音を出せない人は、この最初の段階でミスマッチを作ってしまっている。またその反対に、イメージをもって曲を作りはじめられたら、曲作りの滑り出しは成功したといえる。

AとB、2つのピアノ音色を使って、適材適所である場合とそうでない場合とを実際の音で聴いて確認してみよう。

A　ピアノ専用ソフト音源「Ivory II」（SYNTHOGY社）

B　オールインワン型ソフト音源「Xpand!2」

Aの Ivory II はピアノ専用のソフト音源だ。音色のバリエーションも豊富で、ピアノメーカーの違いはもちろん、スタジオで録音した音とコンサートホールで録音した音とを区別している。今回はそのバリエーションのなかで「German ConcertD Gran II」という音色を使った。Ivory II の実売価格は、この本を書いている時点で4万円を少し超えている。

一方、Bの Xpand!2 はピアノ以外にもドラム、ベース、ギター、オーケストラの諸楽器など、通常の音楽に使われるほとんどすべての楽器をカバーしたオールインワン型ソフト音源だ。ProTools に付属しているので値段はつけられないが、ProTools の無料バージョンである ProToolsFirst にも付属している。

楽譜 01

そこで、**オーディオファイル01**を聴いてほしい。同じ曲を音源AとBとで続けて演奏している。楽譜は上のとおり（**楽譜01**）。

オーディオファイル 01

この曲は私が作ったのだが、イメージは巻頭**カラー写真1**。自宅近くの雨上がりの公園で葉っぱを接写した写真だ。葉の上の水滴が瑞々《みずみず》しい。さすが、ピアノ専用音源だけあって、AのIvory IIはきれいな音がする。写真のような空気感をうまく表現できていると思う。それに比べるとXpand!2のほうは音がつぶれた感じで良い音とはいえないだろう。写真のイメージからは遠く感じる。[1] だからAのIvory IIのほうが良い音が出る音源かというと、必ずしもそうとはいえない。

1 オーディオファイルのAとBの音があまり違わないように聞こえるときは、再生環境を改善したほうがいい。たとえばパソコンに組み込まれているスピーカーは、音楽を再生するという点で性能的にいいとはいえない。性能のいい外部スピーカーか、ある程度の性能をもったイヤフォン、ヘッドフォンを導入しよう。

楽譜 02

次に、巻頭カラー写真2のイメージで作ったオーディオファイル02を聴いてほしい（楽譜02）。

↓♪オーディオファイル02

オーディオファイル02も音源A、Bの順に演奏しているが、先に演奏されるA、つまりIvory IIよりあとで演奏されるBのXpand!2のほうが写真2の感じを出していると思う。Ivory IIのほうは、音色そのもののパフォーマンスは高いのだが、どこかのんびりした雰囲気がする。それに比べ、Xpand!2のほうはもっと直線的な音で、写真2のシャープな感じがよく出ている。

POINT!

「作りはじめのところで音色選びを間違ってしまうと、曲制作はどんどん違った方向へ滑り出してしまう」

写真1のイメージの曲をXpand!2を使って作りをはじめたら、その曲はその後どんなにがんばっても成功しない。写真1がイメージの曲にとって良い音はAの「Ivory Ⅱだが、写真2がイメージの曲にとって良い音はBのXpand!2となる。

本項の最初の目的「作る曲を決める」に戻って考えてみよう。

写真1と2の比較でわかるように、〝作る曲を決める〟ということはイメージを決めることであり、イメージを決めなければ良い音色を選ぶことはできない。また、もちろんイメージ＝ビジュアルでもない。〝明るい曲〟とか、〝勇気が出るような曲〟などでもOKだ。ただ、〝良い音が出せない〟と悩んでいるならば、単に〝明るい曲〟ではなく、〝とにかく底抜けに明るく、みんなが踊りだしたくなるような〟とか、〝沈んでいる人をこの曲で奮い立たせるようにしたい〟など、そのイメージはなるべく強くハッキリとさせておいたほうが音色選びはうまくいく。

この他、シンセサイザーの音色もイメージといえる。たまたま選んだ音色が自分のフィーリングにぴったりとはまったとしたら、〝この音色が最大限に映える曲〟というのも立派なイメージとなる。

イメージ作りの重要性に関連して、しっかりと書いておきたいことがある。それは、とりあえず音色を選んでおくことが、いかに良い音にとってマイナスであるかだ。

POINT!
『とりあえず音色を選んでおく』はNG！

「とりあえずキックはこの音にしておいて、曲が完成したあとでもっと気に入った音に差し替えればいい」とはよくある話だが、良い音が出ないで悩んでいるなら、この制作スタイルは考えなおすべきだ。音色と演奏（ベロシティ、長さ、エフェクターetc.）は密接に関係している。音色だけを差し替えることなどできない。もし、差し替えても不都合が起きないとしたら、それはもともとの曲のできが悪かったといえる。ヴァイオリンが少し弾けるようになった人が、少しの練習でギターもそこそこ弾けてしまった、というようなレベルだ。私たちが求めているのは最高のヴァイオリニストの音であり、最高のギタリストの音である。

また、とりあえずの音では上昇モチベーションが生まれないという問題も生じる。

POINT!

「DAWのPLAYボタンを押すたびにワクワクしなければ、いい音楽は生まれない」[2]

イメージどおりかイメージ以上の音が聞こえれば制作モチベーションも上がり、制作はプラス方向へ進んでいく。とりあえずの音しか聞こえなかったら、制作が楽しくなるはずがない。そんな状態ではモチベーションも下がるから、良い音は出せない。

POINT!

「曲の滑り出しがうまくいけば、あとは同じように作ればいい。最初をしっかり作ればあとは簡単!」

2 Digital Audio Workstationの略。Cubase、SONOR、Logic、ProTools、DigitalPerformerといった音楽ソフトのこと。

逆をいえば、最初がうまくいかなければそのあともうまくいかない。制作というのは、〝最初はいまいちだったけど、だんだんよくなっていった〟ということはない。イメージがイメージを呼び、それが音となっていくのだ。

問題はそれで終わらない。とりあえず選んだキックのあとで選んだ次の音、たとえばスネアは、とりあえずの音にしかならない。とりあえずの音にあわせて選んだ音は、やはりとりあえずでしかないのだ。結局、とりあえずの音が重なっていき、すべての音をあとで差し替えなければならなくなるが、実際は多分そういう事態にはならないだろう。なぜなら、とりあえずの音ばかりを聴いているうちにその音に慣れてしまい、とりあえずがとりあえずではなくなってしまうからだ。

人間の脳は同じイメージを強固に維持させておくことが難しいのだろうと私は思う。イメージはとかく薄れやすく、少しの影響で変わってしまいやすい。イメージとは違う仮の音を何度も聴いていくうちに、次第にとりあえずではなくなるのだから、これでは良い音が出るわけがない。少しくらいの臭《にお》いなら、鼻が慣れてしまってそのうちに気にならなくなるのと同じだ。

音とモチベーションは双方に影響しあっていて、いい方向へも悪い方向へもループす

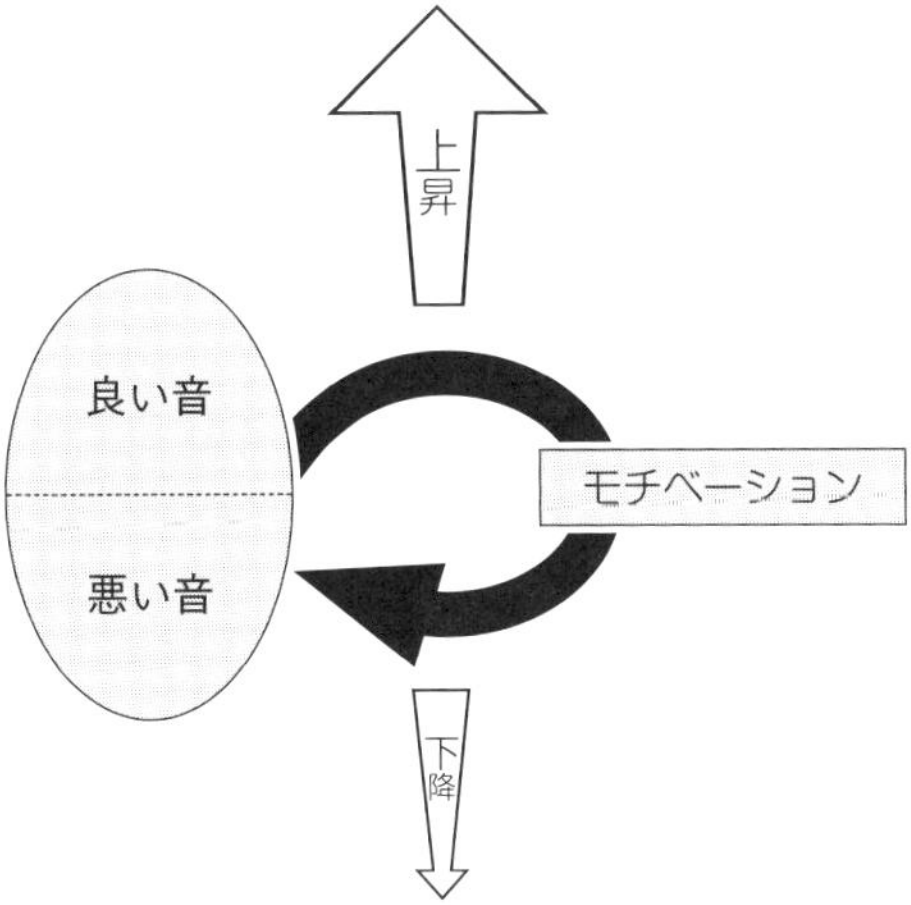

る。ぜひとも、いい方向へループしているときの上昇モチベーションの感覚を覚えてもらいたい。その感覚がわかれば、必ず良い音が出せるようになる。良い音を出せる人が、使う機材や曲調が変わってもいつも良い音が出せるのは、この感覚を覚えているからだと私は思う。

そういったことから、私は実際の制作にあたって、とりあえずというような音色の決め方はしない。そのまま完成としてもいい、完成度の高い音を聴きながら制作している。ただし、最終的にエフェクターで仕上げを施すくらいはすることがある。要は、制作途中でイメージを淡くさせるような音でなければいいのだ。

パーセンテージで表してみると、最終的な音を１００％としたら、90％以上の完成度で制作するのがいいと思う。さらにいえば、１００％の完成度で制作を続け、最終仕上げで１１０％の音にしてフィニッシュするといったほうが、実際の私の感覚に近いかもしれない。

2 作る曲を決めたあとで

POINT!

「作る曲を決めても、すぐには作りはじめない」

これが私のやり方だ。どんなに締め切りが迫っている場合でも、すぐには取りかからない。1日でも時間を置いてから作りはじめたほうが、制作がスムーズに運ぶ。これは良い音というより、作曲のコツに関係することだと思うが、作品のでき映えと良い音というのは無関係ではないと思うので、ここで取り上げることにした。

締め切りがたとえば明後日に迫っている制作依頼だとしても、私はすぐにリズムやメロディなど、実際の曲作りには入らない。その前に、オーダーの相手がどんな曲を期待・イメージしているか、そしてそれに対して私はどのように応えることができるかのリサーチ・思考をはじめる。

たとえば、クリスマス・イルミネーションにあわせた曲の制作依頼があったときは、クリスマスの雰囲気の曲をイメージするのは当然だが、クリスマスの雰囲気といっても、《ジングルベル》のような楽しい曲もあれば、《きよしこの夜》などのように聖なる感じのする曲もある。またそのイルミネーションを訪れるのは恋人同士だろうか、家族連れが多いのだろうか。そのイルミネーションが設置されるのはどんなスペースだろうか。ツリーがあるならそれはどんな大きさだろうか。そういういろんな情報、イメージ図などをオーダーサイドからなるべくたくさん提供していただいたうえで、私ならそこでどういう曲を聞きたいか、どういう曲が聞こえたら楽しいだろうかと想像を膨らませる。想像を膨らませたら、〝よし、明日はクリスマスの曲を作るぞ！〟とはやる気持ちをおさえながらひと晩寝る。そうすると、翌朝は早く作りたくてたまらない気持ちで布団から出て、朝食もそこそこに実際の曲制作に入ることができる。

また、ＣＤアルバム制作のような大きなプロジェクトをはじめる際には、あらかじめ半日くらいかけて機材周りの掃除もする。〝締め切りまで時間がない〟と焦って制作に入るより、ワクワクした気持ちのなかで作るほうがいい結果を生むと思う。

先日テレビを見ていたら、〝休んだあとのほうがいい仕事ができる〟〝夜中に必死に仕事をするよりも、眠ってからのほうがヒラメキやすくなる〟というようなことを言っていた。日ごろ、自分が実践してきたことをとてもわかりやすく説明してくれていて、この方法がいいのだと改めて確信した。

以上をまとめると曲作りの前段階で私が実践しているのは次のとおり。

POINT!

「その1　下調べをしっかりおこない、イメージがぶれないようにする
その2　すぐに制作に入らずひと晩置くことで、気持ちを高ぶらせる
その3　リフレッシュした脳で制作に入る」

いつごろからこの方法で制作するようになったのかはわからないが、私はいわゆるス

ランプに陥ったことはない。作ることがいつも楽しくてしょうがない。そして必ず、納得のいく作品を期日までにしっかり完成させている。

また、制作者がよく言うあのセリフ、「作ったすぐあと、納得がいかなくて全部をやりなおしたくなる」など私は思ったことがない。上昇モチベーションのなかで曲を作っているからだ。やりなおしたくなるのが完成翌日ならまだわかるが、完成した途端ということは、作っている最中にも満足のいくものではなかったということになる。そういう曲を聞かせられるほうはたまったものではない。納得がいかなければ発表すべきではないと私は思う。単に格好つけるためだけの言葉なら、まだ許せるのだが……。

3 サッと作ろう

これまでの話と矛盾するように思うかもしれないが、曲の作りはじめはあまり細かいことを気にしないでサッと作ったほうがいい。この意味するところは、

POINT!

「イメージが具体的な音になって制作が軌道に乗るまでに、あまり時間をかけないほうがいい」

ということだ。軌道に乗るというのは前々項の〝いい方向へループしているときの上昇モチベーションの感覚〟で制作を進めると到達する、〝OK、この路線でいこう！〟と

感じるときのことをいう。

先にも書いたように、私は前日からイメージ作りに入るが、どんな曲になるかワクワク楽しみである一方で、〝いい曲ができるだろうか？ この曲を完成させることができるだろうか？〟という不安をいつも同時に抱えている。そういった相反するような感覚をもったまま制作に入るが、実際に音を出しながら制作を進めていくと、それまで感じていた不安がいつの間にかなくなり、ある瞬間、〝これでいい！ この方向に自分の表現したい世界がある〟という確信がもてるようになる。DAWのPLAYボタンを押すと、不安気な点などないイメージどおりの演奏が聞けるようになる。それが軌道に乗ったときだ。

制作をはじめたら、その日のうちにこの軌道に乗せたほうがいい。一度軌道に乗せてしまえば、あとは何があっても軌道からそれることはなく制作は順調にフィニッシュするだろう。軌道に乗るまでに日を空けてしまうと、23ページで説明した上昇モチベーションがいったんリセットされてしまい、またモチベーションの呼び起こしからはじめなくてはならない。人間の感覚は麻痺《まひ》しやすいので上昇モチベーションは初回がもっとも出やすく、日を置いた2回めは上昇しにくくなるだろう。とりあえずではない納得のいく音を出しながらも、それにあまり時間をかけずに軌道に乗せなければならないので、制作のなかで実はこの時間が一番大切であると私は考えている。

イメージした音を出しながらも、サッと作れるようになるためにはシンセサイザーとエフェクターの理解がまず必要だ。

シンセサイザーにはたくさんのプリセット音が入っているが、自分の曲にプリセット音をそのまま使うことは基本的にはないと考えるべきだ。プリセット音は先にも書いたようにメーカーのプログラマーがいいと思った音、言い換えれば他人の趣味の音だ。自分の曲にあうはずがない。たとえばヴァイオリンのプリセット音を聞いて〝この音、いいなあ〜〟と思ったとしても、100％いいとは思わないはず。〝基本的には良い音だけど、自分ならもう少し……〟という希望があるはずだ。あえて書かせていただくが、もし、プリセット音が100％すばらしいと感じたとしたら、自身の音に対する感覚の乏しさを嘆かなければならない。そしてもっと要求を高くもたなければならない。

また、音色選びで重要なことは、たくさんのライブラリーのなかから曲にあう音色を選ぶのではないということだ。一見、何の問題もないように思えるが、音色選びではイメージの音を作り出すように捉えることが重要だ。

POINT!
「選ぶのではなく、イメージの音を作るのだ」

これをもう少し具体的に考えてみよう。たとえばキックの音が自分のライブラリーに10種類あったとする。どれが曲にあうか順番に聴いていって、そのなかから一番あいそうな音を1つ選ぶという方法は間違いである。そうではなく、音のイメージが先行しているべきであって、エディット次第でイメージの音になる要素をもった音を10種類のなかから探し、それをエディットして音を決めるという方法が正しい。編集スキルが十分に高ければ、実は最初の10種類のなかから選ぶ音色はそれほどシビアに考えなくてもいい。どうせエディットして変えてしまうのだから。

エディットしてイメージの音にするためにシンセサイザーの仕組み、数々のエフェクター、また音そのものについての理解が必要というわけだ。

音は高さ、音色（倍音）、音量という3つの要素とその時間的変化によって決まる。自分がイメージした音とプリセットの音は、そのうちのどの要素がどう違うのかがわからなければ音のエディットはできない。

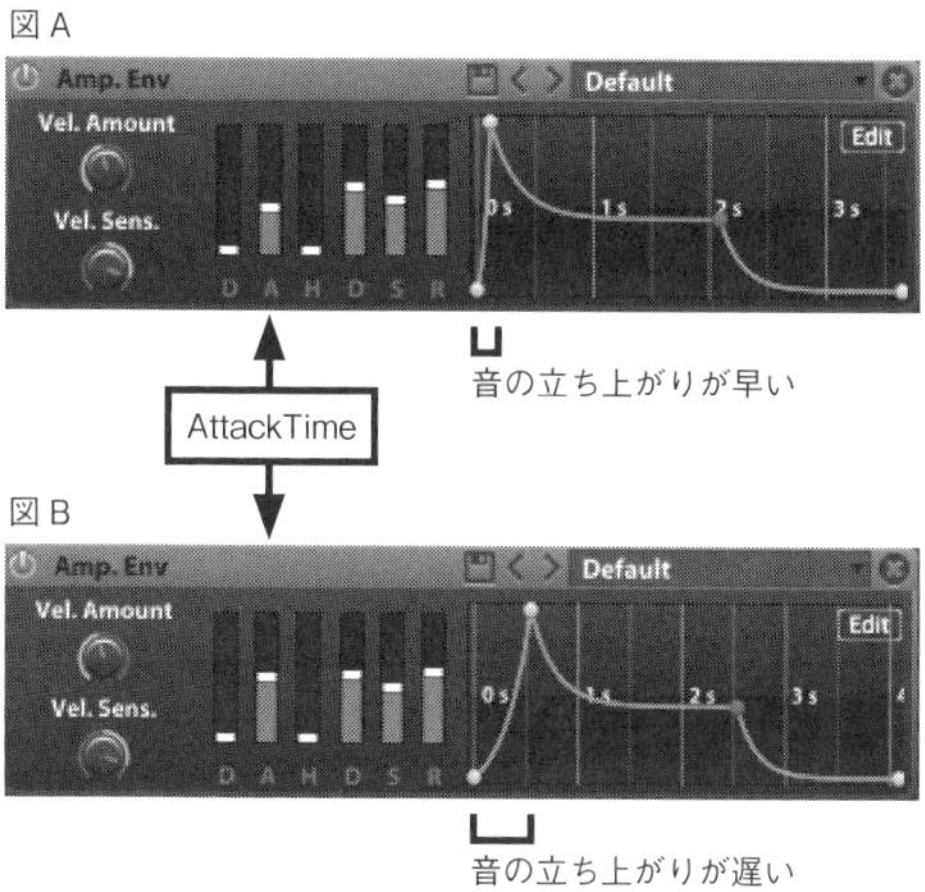

たとえば、音が出はじめてから急に音量が大きくなるのか、ある程度の時間をかけて大きくなるのか、それが違うだけで音の印象は大きく異なってくる。これは音の立ち上がりともいうが、シンセサイザーではそれをコントロールするパラメーターをAttackTimeと呼ぶ。図Aと図Bを比べると、図Aのほうがすばやく音量が大きくなる。プリセット音の音の立ち上がりが遅いと感じたら、シンセサイザーのパラメーター群のなかから該当するつまみを探して調整すればいいわけだ。

また、「音を固くしたい」と思ったとしよ

う。シンセサイザーのパラメーターのなかには音の固さを調整するつまみはない。〝固い〟というのは音に対する人間の印象だ。先にも書いたとおり音には高さ、音色（倍音）、音量の3つの要素しかない。〝柔らかい〟も〝固い〟もすべての音はこの3つの要素が時間的変化をともなって絡みあって成り立っているのだ。

ちなみに〝固い〟〝柔らかい〟は、音色（倍音の含まれ方）と音量の時間的変化が関連している可能性が高い。倍音の含まれ方はCutOffFrequency、音量の時間的変化は既出のAttackTimeの他にDecayTime、SustainLevel、ReleaseTimeのつまみでそれぞれ調整する。ただ実際は、複数のパラメーターが複雑に影響しあうので、それ以外のパラメーターも関係してくるだろう。

このように、音を操るには3つの要素に分けるという視点をもっていなければならない。さらには、それぞれの時間的変化と、それに対応するシンセサイザーのパラメーターについての知識が必要となる。

シンセサイザーのパラメーターは数多くある。機種によって独自のパラーメーターをもつものもあるが、基本的な仕組みがわかればほとんどのシンセサイザーを使えるようになるだろう。左ページの3つのシンセサイザーは見た目は異なっているが、音作りの

DAW ソフトの DigitalPerformer に付属のソフト音源「PolySynth」

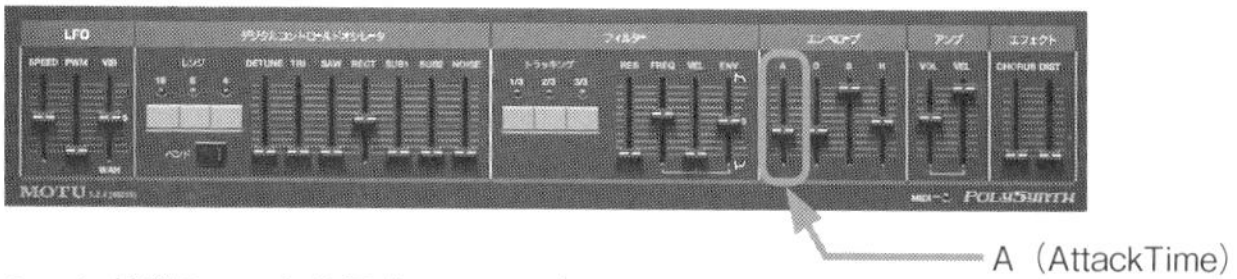

Arturia 社製のソフト音源「Prophet-V」

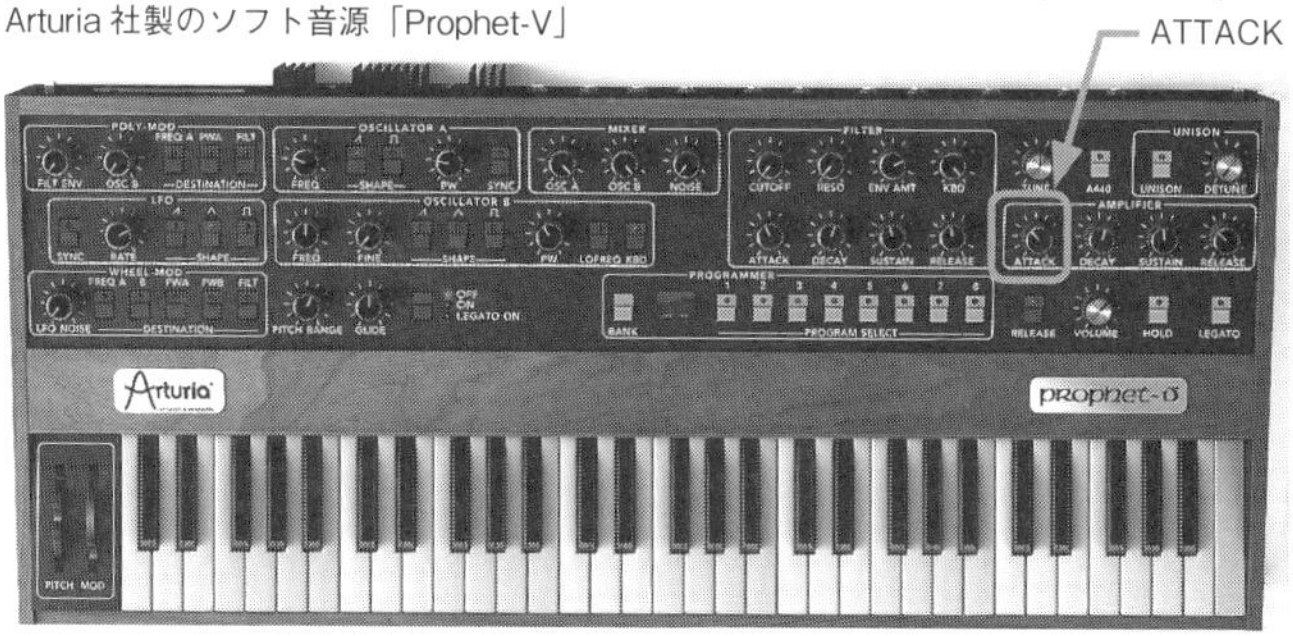

u-he 社製のソフト音源「BAZILLE CM」

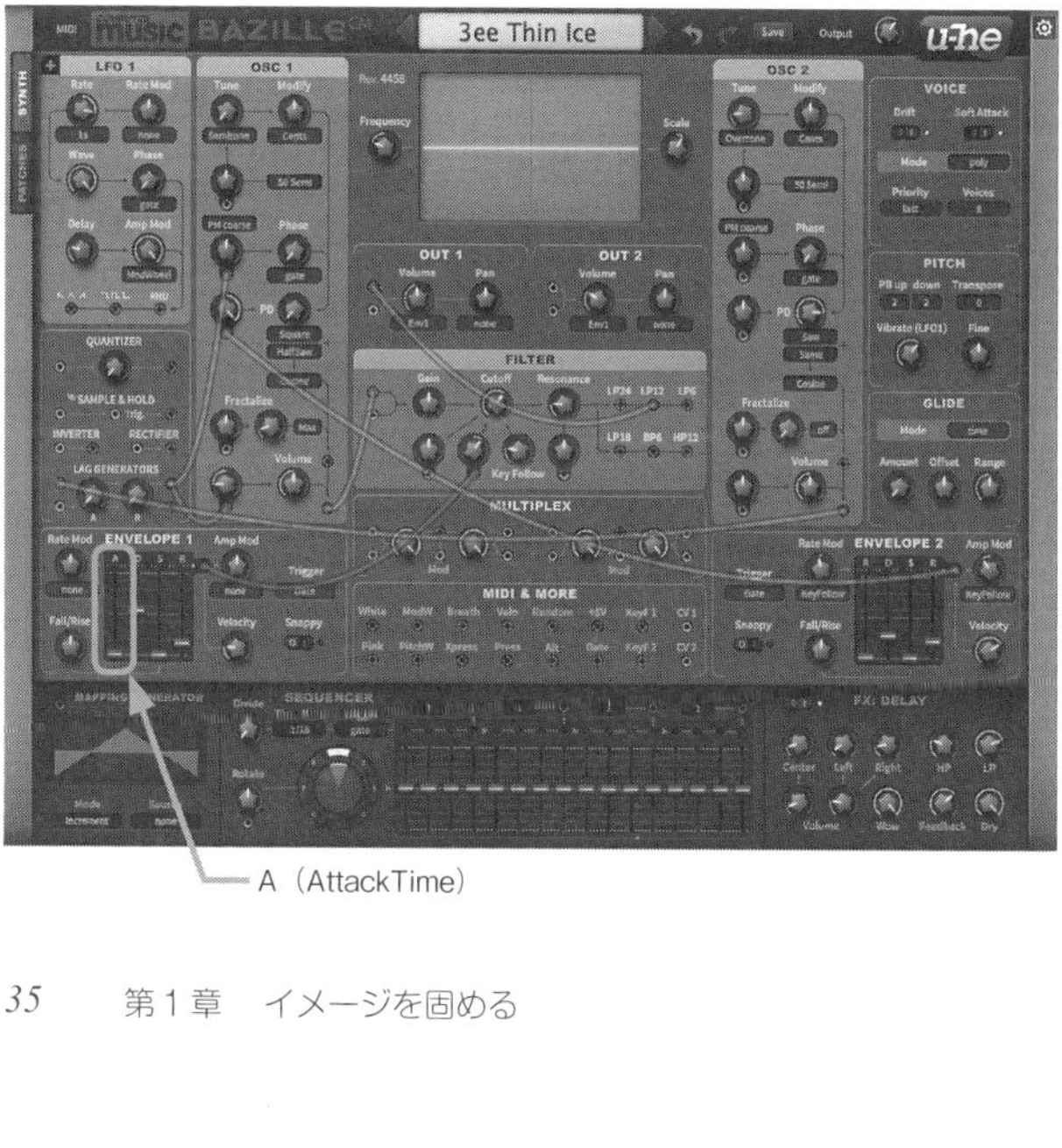

基本は同じだ。□で囲んだところがAttackTimeを調整するつまみだ。

シンセサイザーの詳しい説明は専門の他書に委ねる。『シンセサイザーがわかる本』（スタイルノート　相原耕治）がおススメだ。シンセサイザーの知識は、良い音を出すために力強いスキルとなるはずだ。

イメージの音とプリセット音との差はAttackTimeなどのシンセサイザーのパラメーターだけではなく、エフェクターによる音響的なことが起因となっていることも十分に考えられるので、サクッと作るためにはエフェクターの知識も同様に重要となる。特にリバーブ、ディレイ、コーラス、イコライザー、コンプレッサーといった基本的なエフェクターはしっかり押さえておかなければならない。

シンセサイザーのさまざまなパラメーターやエフェクターのそれぞれの効果を熟知していることは、音色を決める際の武器となる。プリセット音を聴いているなかで、〝あっ、この音、今は印象がだいぶ違うけど、AttackTimeを遅くして、コーラスをかければイメージの音になりそうだ！〟というように、実際に操作しなくても音をある程度想像できるようなるからだ。それができなければ、実際に聞こえている音だけで判断しなければならなくなるので、せっかくの貴重な音も見落としてしまうことになる。土に埋もれた金も、取り出し方を知らなければそうとは知らずに捨ててしまうということだ。

サッと作れるようになるための、DAWを使う際のちょっとしたコツが2つあるので

ここで紹介しよう。

POINT!

「軌道に乗るまでは『必要以上に再生しない』」

軌道に乗る前では、その曲がまだどんな仕上がりになるかが見えていない。いってみればイメージとは違う状態だ。イメージはとかく薄れやすいと書いたが、イメージとは違う段階の音を何度も再生すると、当初のイメージが薄らいでしまう。先に書いた〝とりあえずの音はNG〟と同じことだ。

DAWにはループ再生という機能があって、ある区間を何度も繰り返しプレイバックさせることができる。たとえばどんなスネアがいいかを考えるとき、すでに入力ずみの

キックをループ再生しながら考える人がいるが、それをすると、再生前にもっていたスネアのイメージがどんどん薄れてしまう。キックを聴きながらスネアを探すのではなく、想像力のなかからスネアを探すほうが、ずっと広い範囲から音を決めることができる。人間の想像力のほうが実際の音よりすばらしいと私は思う。人間のほうが偉いのだ。もちろん、キックとの関連もあるからまったく聞かないということはできないが、必要以上に再生はしないほうがいい。

もう1つは、

POINT!
「再生はいつも小節の頭から」

ということだ。シーケンサーの再生位置をマウスでつかんで適当な位置まで移動してから再生する人がいるが、それでは曲のビートの途中から再生することになってしまう。

図A

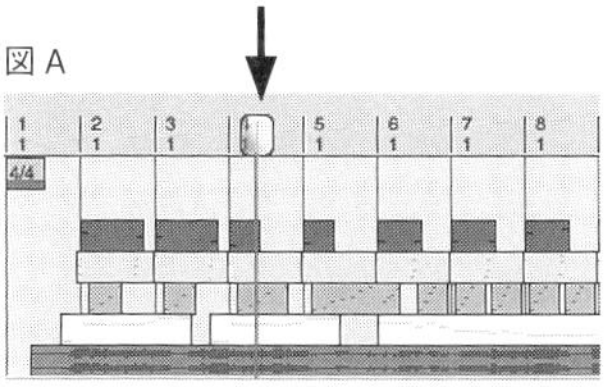

図B

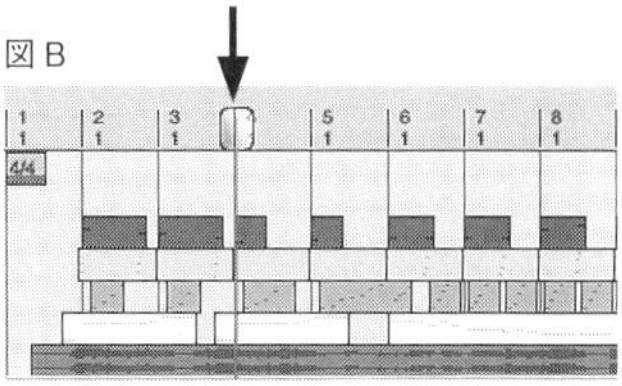

図Aの位置からではなく、図Bの位置から再生したほうがいい

ビートの途中から再生すると、曲に乗りにくい。上図の例でいうと、図Aの位置から再生したとき、４小節めはムダに再生することになるだろう。音は流れのなかで存在して音楽となるのだから、図Aの位置から再生したら、その小節内に関しては何についても判断は不可能だ。

また、再生位置をマウスで移動するとき、ＤＡＷの設定によっては、移動内にある音符を再生、しかも移動スピードにあわせてドカドカっと再生してしまう。巻き戻しの場合は逆再生してしまう。これではイメージのぶち壊しだ。繰り返しになるが、イメージは薄れやすい。そんなところへまったく関係のない音がドカドカ聞こえていいはずがない。

私はスタジオでボーカル録音に立ち会うことがある。そのなかにおいてもエンジニアの方は、トークバックシステムを使ってボーカリストの方に〝サビの○小節前から行きます！〟と言って必ず小節の頭から再生する。小節の途中から再生することなどない。プロの仕事とはそういうものだ。〝どこから再生したって……余計なお世話だ!〟と思うかもしれないが、私はこういうちょっとしたことも大切なことだと思う。

＊　＊　＊

この章をまとめると、イメージは薄れやすいものだから大切に取り扱わなければならないということになるだろう。そのことを基本として、あとはご自身で制作スタイルをさまざまにアレンジすればいい。

たとえば私は、本章でも書いたクリスマス関連の曲を作ることがある一方で、リラクセーション音楽を作ることもある。前者は賑《にぎ》やかで音がたくさん溢《あふ》れるような曲になることが多いが、後者は静かで音数も少ない曲になることが多い。クリスマスの曲を作っているときは制作している私自身がクリスマス気分になる。だから、クリスマスの曲を作った直後にはリラクセーション音楽は作れない。少なくても1日くらいは空けなければクリスマス気分が抜けない。

そういう場合には両方の制作を最低でも1日は空け、空けたその日には普段あまり使わ

デスクトップをアイコンだらけにしない

ないエフェクターを試したり、ネットで音源やエフェクターの新製品をチェックしたり、あるいは、出さなければならない郵便物を出したりしている（郵便物を作ることって、けっこう時間のかかることだ）。

第1章のおしまいにもう1つ、おススメの設定を書いておこう。

私のパソコンはＭａｃだが、デスクトップには写真などではなく青一色（青色のなかでもSolid Aqua Blueと呼ばれる色）にしてある。あるイメージの曲を作るときに風景や幾何学模様など情報量の多い写真は邪魔なのだ。その点、青は（私にとって）ニュートラルな色なので、制作の邪魔をしない。

第2章
システム作り
〜弘法も筆を選ぶ

たとえばスピーカーが変われば聞こえる音が変わる。聞こえる音が変わればミキシングも変わる。

〝弘法筆を選ばず〟とは、優れた人はどんな道具でもよいものを作ることができるという意味だが、〝弘法も筆を選ぶ〟は、優れた人はよい道具を見極める能力をもっているという意味で用いた。

良い音を出すためには、やはり良い機材が必要だ。

1 環境を整える

私がおススメしたいのは大きいサイズのモニターの導入だ。最近ではノート型のPCで制作している人も多いだろう。しかし、ノート型PCの画面では不十分だと私は思う。いきなりお金のかかりそうな話で戸惑う方もいると思うが、この本は良い音を出すための方法を説明した本だ。そのためには、〝小さいモニターでもこうすれば大丈夫！〟みたいな書き方はできない。このような読者を気遣ったような書き方は、本当の意味で読者のためではないと思う。

では、なぜ、大きいサイズのモニターが必要か。

まず、最近の多機能化したDAWのさまざまなウインドウを表示するのに、小さいモニターは適していないということが挙げられる。適していないということは操作しにくいということで、操作がしにくければ制作ははかどらない。何かのコマンドを実行するたびに〝ウインドウを切り換えて……〟では作るモチベーションも下がる。それは多くのウインドウを使わない設計のDAWでも同じだ。たとえば、ピアノロール画面。一度に広範囲が見渡せるほうがいいに決まっている。その他、ミキサー画面とプラグインの編集画面が同時に見えれば信号の動向がつかめるなど、大きい画面の優位性を上げればキリがない。

最低でも20インチぐらいはあったほうがいいと思う。ＰＣ本体とディスプレイが別々であればディスプレイだけを買い替えればいい。ノート型ＰＣでは外部モニターを接続しよう。外部モニターの接続方法はＰＣのマニュアルで調べてほしい。ちなみにＭａｃの場合、Thunderbolt端子から外部モニター（ＨＤＭＩやＶＧＡ）へは変換プラグを使えば接続可能だ。変換プラグは千円から二千円くらいで手に入るので、すでにディスプレイをもっている方なら、あまりお金をかけずに大きいディスプレイ環境が手に入る。
また、大きいディスプレイのほうが気分がいい。これも1つの大きな利点だ。小さいウインドウでちまちま作るより、大きいウインドウでドーンと作るほうが気持ちよく制作できる。そういう心理的なことも音に影響すると私は思う。

POINT!

「大きいサイズのディスプレイを使ってドーンと作ろう」

私の制作システムのパソコン周りを写真に撮ったので見ていただこう（左ページ写真）。

27 インチモニターをメインに右側にサブモニターがある（右上のモニターは Windows パソコン用のモニター

マウス or トラックパッド and テンキー

ノート型PCを使っている人は、マウスではなくトラックパッドを使っている人も多いだろう。しかし、私は操作性からいってマウスの使用をおススメする。

POINT!
「トラックパッドよりマウスを使おう」

トラックパッドはクリックしたい位置を正確にクリックするのには向いていない。音符の微妙な長さや波形の微妙な位置の調整といった細かい作業をするのには向かないのだ。マウスのほうが細かい作業に適している。また、トラックパッドはPCのキーボードの手前中央に位置しているので、肩や手首の動きが不自然になりやすく、長時間の制作には向かない。マウスを使えば両手を肩幅に広げられて一番無理のない姿勢となる。

マウスの代わりにトラックボールを使う方法もある。ProToolsを使う人にはこのトラックボールは使いやすいようだ。私も以前すすめられて使ってみたが、私には使いにくかった。長く使っているると親指のつけ根あたりが痛くなるのだ。トラックボールを取り替えて試してみたが同じだった。だが、実際に愛用者が多いようなのでフィットする人にはいいのだろう。

また、キーボードはテンキーつきか、なければUSBなどで外部テンキーを接続したほうがいい。DAWを使うに際して数字を入力することは頻繁におこなわれる。これをキーボード上段の数字キーで入力していたのでは大変だ。それに、テンキーにさまざまなショートカットを割り当てておけば便利に使うこともできる（DAWの初期設定でもさまざまに割り当てられていることが多い）。

POINT!

「ショートカットを多用しよう」

私流のショートカットについては、これまで他の本でも書いてきたが、ここでも紹介しよう。

これらの機能の名称はDigitalPerformerでの呼び方。DAWによって名称は異なるかもしれない。

テンキー （私の使っているDigitalPerformerのデフォルト設定）	
.	再生位置の指定
Enter	再生
0	停止

テンキー以外のキーボード （使いやすさから私が設定）	
2	コピー
3	マージ
4	シフト
5	コンティヌアスデータの変更
6	ベロシティ
7	デュレーション
8	ミキサー表示
9	クオンタイズ
0	トランスポーズ
Z	前の行動をやりなおし
C	次の行動をやりなおし

このなかの

[.]→再生位置の指定

[Enter]→再生

これは最強コンビだ。上図矢印の位置（4小節めの途中）で停止していたとする。

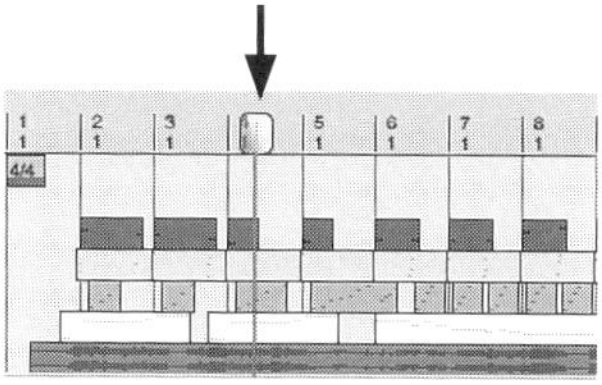

その状態で

[.][Enter][Enter]

と押すだけで、4小節めの頭から再生がスタートする。

このとき、それぞれのキーは次のような動作をしている（次ページ図参上）。

4小節めの途中で停止した状態

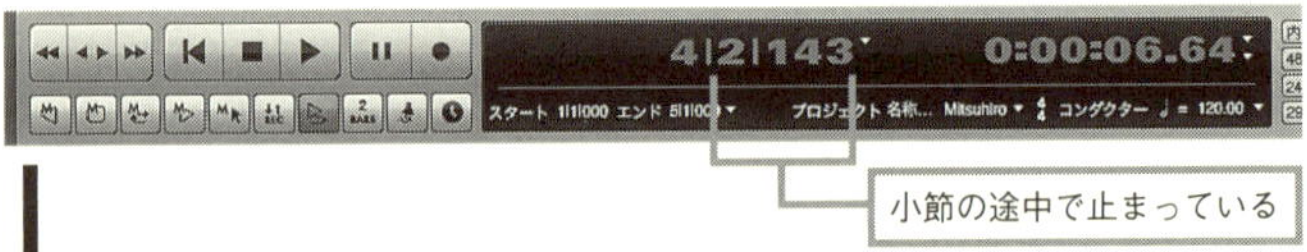

．　小節（ここでは4小節め）の先頭位置へ移動

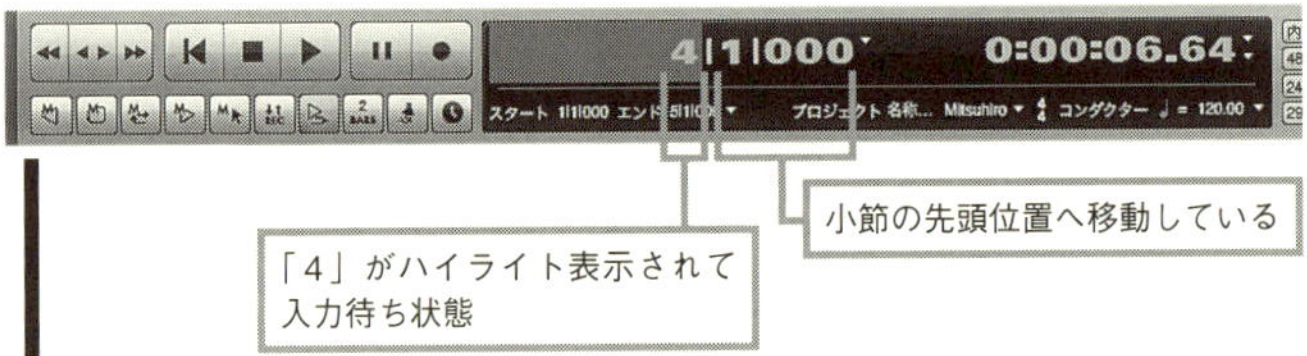

Enter　移動小節の確定

Enter　再生

ここまでのキーボードのストロークは3回。しかも[.]と[Enter]は隣りあわせであるうえ、最後の2回は[Enter]を連打すればいいので、3ストロークは1秒をはるかに下回るスピードで完了する。実際に時間を計ったことはないが、相当早い。

これを利用すれば、希望する小節の先頭へ行くことも早くかつ簡単に、そして正確におこなえる。

[.][Enter][Enter]の2番めと3番めの[Enter]の間で、目的の小節番号をテンキーで入力するだけ。たとえば20小節めへ行きたいなら、[.][Enter][2][0][Enter]と入力すればOK。ストロークの回数は増えるが、それでも1秒になるかならないかぐらいだろう。第1章で書いた〝サクッと作る〟ことに大きく貢献する。このスピード感は一度覚えてしまうと戻れなくなると思う。

〝[Z]↓前の行動をやりなおし〟と〝[C]↓次の行動をやりなおし〟にも触れておこう。いわゆる〝1つ手前に戻る〟、〝やりなおし（1つ手前に戻るの反対の動き）〟だが、この機能はデフォルトでは[⌘]＋[Z]、[shift]＋[⌘]＋[C]キーの組みあわせに割り当てられている

写真Ａ　使いやすいポジション

テンキーが手中にある

ことが多い。デフォルトのようにキーを2つ、3つ押すより1つだけストロークするほうが簡単。〝あれを押してからこれをいっしょに押して……〟などとしているより〝ハイ！　これを押す〟のほうが使いやすい。パソコンは道具に過ぎない。考えたことがすぐにパパッと実現するほうが道具として優秀だ。

2↓コピーと3↓マージも同様の理由だ。デフォルトではコピーは⌘＋C、マージは⌘＋Mであることが多いが、コピーはよく使うコマンド。いちいち2つのキーを押すより、2（コピー）、3（マージ）のキーを押すほうが簡単だ。

ところでなぜコピーは2だろうか。

これには私なりの理由がある。右ページ上の写真Aを見ていただこう。これはキーボードと私の手だが、キーボードに対してこのように手を置くことは一番自然なフォームだろう。このとき[2]キーは左手の指のすぐ先にある。そう、自然なフォームのまま指先をちょっと動かすだけでコピーが実行される。デフォルト設定の[⌘]＋[C]キーを押そうとしたら、手を少し引っ込めるか角度を変えて2つのキーを押さなければならない。実際にやってみるとわかるが、近くの2つのキーを同時に押すという動作は意外とやりにくいものだ。

マージは音符をオクターブで重ねたりハモらせたりするときに重宝するが、これはコピーの隣の[3]。コピーとマージはセットで操作することが多いので、すぐ隣であれば使いやすい。

写真B

電子ピアノの上に大きな板を乗せ、その上に置いている

ついでになるが、私はＭＩＤＩキーボードとパソコンのキーボードの配置は写真Bのようにしている。ＭＩＤＩキーボードとパソコンのキーボードがそばにあるので

手の移動が少なくてすむ。とても使いやすい。

POINT!
「機材は配置を工夫して使いやすい環境にしよう」

MIDIキーボード

入力用のMIDIキーボードはピアノと同じフル鍵盤、つまり88鍵盤（少なくても61鍵盤）がいい。フル鍵盤は音色選びの際にとても活躍する。音色は鍵盤の高いほうや低いほうにも広がっているからだ。イメージに近いプリセット音を探すときなど、オクターブをいろいろに変えて音を出してみることも音色探しの重要なテクニックだし、音源によっては、極端に低い音域や高い音域に楽器奏法を切り換えるスイッチが割り当てられていることも多い。私はピアノ音色を使うことが多くピアノタッチの鍵盤が必要なので電子ピアノを入力用MIDIキーボードとして使っているが、MIDIキーボード専用として設計された機種であれば、他にもさまざまな機能が搭載されているようだ。自分の制作スタイルにあわせて選択すればいいと思う。

POINT!

「自分に必要なものは何かを考える」

大きなディスプレイやフル鍵盤など置くスペースがないという人もいるだろう。スペースがないのは仕方ないが、良い音のためにはそれが必要だ。これはどれくらいのやる気で良い音を出したいと思っているかであり、他の何かを犠牲にしてでも良い音を出したいかどうかだ。大きいキーボードの導入を邪魔しているのがたとえばゲーム機なら、そのゲーム機を捨てて大きなキーボードを導入するべきだ。運よくゲーム機を売ることができればキーボードの導入資金に充てられる。ゲーム機を捨てられなければ、良い音を出すことよりゲームのほうに磨きをかければいい。

今、プロとして活躍している人で、アマチュア時代に机の上にちょこっと載せたノート型PC1台だけで制作していた人はいなかっただろう。CMなどで、パソコンを膝《ひざ》に置いて〝君も音楽家だ！〟という表現がある。この本を手にした方は自身のサウンドに限界を感じて次のステップへ進みたいと思っている方だ。確かに膝に置いたノートパソコン1台でも音楽は作れるかもしれないが、※良い音がそう簡単に手に入るはずもない。極めるのはそんなに簡単ではない。それは音楽の世界だけではなく、すべての世界がそうなのではないだろうか。

※〝パソコン1台で制作〟に関しては129ページでも触れている。

電源周りとケーブル

電源の取り方によって、あるいはケーブルによっても音が変わるというのを聞いたことがあるだろうか。私も関連の本に書いたことがあるが、要約すれば3つだ。

POINT!

「1つは壁のコンセントの向きに注意する
2つめは安定化電源を使う
3つめはハイグレードなケーブルに換える」

シンセサイザーやミキサーなどの電源プラグをコンセントに差し込むときには、差し込む向きに注意が必要だ。どっちに挿しても機材は動作するが、こっちのほうがいいという正しい向きがある。
　どっちが正しい向きであるかを調べるにはテスターが必要となる。
　テスターのレンジは、ＡＣ側の一番小さいＶ値にしておく。電源ケーブル以

テスター

最近のデジタルテスターではレンジを自動的に切り換えてくれるので設定の必要はない

外のケーブル類をすべて抜いて、調べたい機材だけをコンセントに挿し、テスターの片方の端子を機材のシャーシなど電気を通す部分に触れさせる。もう片方の端子は自分でしっかり握る。このとき、機材の電源は切っておく。

　これでテスターの針の触れ具合を見る。ほんの少しだが針が振れるだろう。

※テスターを使うときは、くれぐれも感電に気をつけてほしい。うっかりコンセントに直接触れたりして思わぬ事態を起こさないよう、十分に注意しよう。

　次にコンセントの左右の向きを変えて針の触れ具合を見る。針の触れの小さいほうが正しい向きで挿したときだ。

　実は、コンセントの差し込み口は左右で長さが異なる。長いほうがアース側。一方機材側は、電源コードにある白い線か、文字が印刷されているほうがアース側となっているので、アース同士をつなぐようにプラグを差し込めばいい。しかし、実際には（工事ミスなどで）コンセント側が逆に配線されていることがあるので、テスターで確実に判別したほうがいい。

次は安定化電源だ。

家庭に送られてくる電圧は、さまざまなことが原因となって１００Ｖに満たないことがあるようだ。安定化電源はそれを改善してきちんと１００Ｖの電気を流すように設計された、電源タップのお化けのようなものだ。また、乱れた交流波形をきれいにする機能もついている。使えば音は確実によくなるが、難点は価格が高いこと。最近では比較的安いものもあるようだが、昔、私は一大決心をして導入に踏み切った覚えがある。


オーディオインターフェース、シンセサイザー、ミキサーなど、機材同士をつなぐケーブルにも注意を向けたい。安いケーブルはやはり安い音だ。テスターは安く売られているが、ケーブルはけっこう高い。私のシステムではケーブルが何本くらいあるのだろうか。数えたことはないが１００本以上はありそうだ。すべてのケーブルを一度に高価なものにはできなかったので、システムのなかで核となる場所、たとえばミキサーとオーディオインターフェースをつなぐケーブルから高価なものに換えてきた。

最近では費用をおさえるためにケーブルは自作している。ハンダづけの経験があれば（なくても練習すれば）ケーブル作りは可能だ。ケーブルを50ｍや１００ｍという単位で買い、プラグは別に購入する。そうすると単純に比較はできないが、完成したケーブルを買うより、価格は半額かそれ以下におさえることができるだろう。また、自分で長さを決められるので、システムにあった長さになることもいい。

購入時に確認しなければならないのは、ケーブルの外径とプラグの対応ケーブル径だ。対応ケーブル径以上のケーブルはつなぐことができない。また、プラグの外径にも注意が必要だ。オーディオインターフェースなど、複数の差し込み口が狭いところに並列しているような場所に使う際、プラグの外径が大きいと並べて挿すことができなくなる。安いできあいのケーブルでは心配は要らないが、高級なプラグの場合、作りがしっかりしていてサイズが大きいこともある（私は以前、それで失敗しそうになったことがある。プラグの注文後、慌てて他のプラグに換えてもらった）。どんなケーブル、プラグがいいかは、ネットなどで調べてみるといい。

ケーブルについてもう1つ。これも他の本に書いたことがあるが、ケーブルにはつなぐ向きがあるのをご存知だろうか

左ページの写真を見てほしい。この場合、ケーブル内を流れる電気は左から右へ流れ

NEGLEX 2534……という文字が左から右に向かって印字されている

るように接続するのが素材の構造上から正しい。たとえば左にはシンセサイザーのアウト端子、右にはミキサーのインプット端子という具合だ。電気の流れやすさが違うらしい。

コンセントの向き、ケーブルの交換やつなぐ向きは、一つひとつを取ってみれば聴き分けることができないくらいのわずかな効果しかない。だが、すべてをクリアすれば少しわかるくらいには向上すると思う。なんとも頼りないことだが、直す前と直したあとを聴き比べることはできない（つなぎなおすためには相当の時間的ブランクが必要）という実情もあるが、もともとそれくらいの変化でしかない。たとえ変化が少しであったとしても、よさそうと思ったことは何でもやってみることが重要だ。

COLUMN

DAWを選ぶ

もし、DAWソフトの乗り換えを考えているなら、私は断然DigitalPerformerをおススメする。

近年、ユーザー数が減っているのは残念だが、それは販売戦略が下手なこと（最近までトライアル版がなかった、エフェクターなどに簡易版などがバンドルされていない、付属のソフト音源が少ないなど）が原因であって、機能が劣るのではない。

DAWは何を買えばいいか相談されたとき、予算内に収めようとすると、どうしても付属ソフト音源の多いLogicや、機能限定版ではあるがフリーでダウンロードできる他のDAWを紹介することが多いが、使いやすさという点から見ればDigitalPerformerはピカイチだ。編集後も対象が選択されたままの状態をキープしていたり、選択対象を見やすい状態で拡大したり、使いやすさをあげればキリがない。また、本文にもあるように少ない操作で目的の結果が得られる制作の邪魔をしない設計は道具として優れていると思う。

たとえば左ページ図Aのように2つ並んだファイルのつなぎ目の様子を確認するために拡大することはよくあると思う。

そういうとき、どちらかのファイルを選択した状態で拡大のコマンド実行すると、自動的につなぎ目が画面の中央に移動したうえに

COLUMN

拡大がおこなわれる（図B）。さらに拡大すれば、図Cのように表示され、つなぎ目の様子がよくわかる。

どんなに拡大してもつなぎ目を中心に拡大されるので、作業がやりやすい。拡大コマンドをショートカットに登録しておけば、この間、1～2秒で完了する。

この機能がなければ拡大に伴ってつなぎ目が表示外へ出てしまいやすい。一度表示外へ出てしまうと、スクロールで該当箇所を見つけるのは難しい。特に拡大率を上げているときではなおさらだ。

最近ではMac版、Windows版、両方のトライアル版が用意されているので、ぜひ一度試していただきたい。

図A

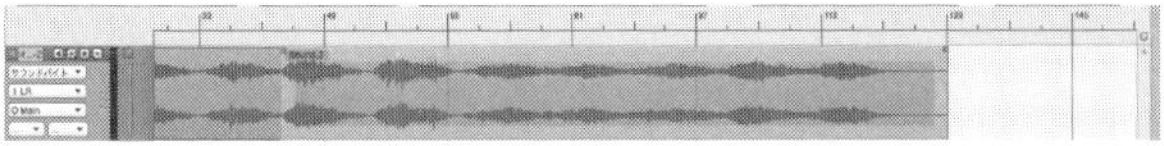

つなぎ目が画面中央に移動し、拡大される

図B

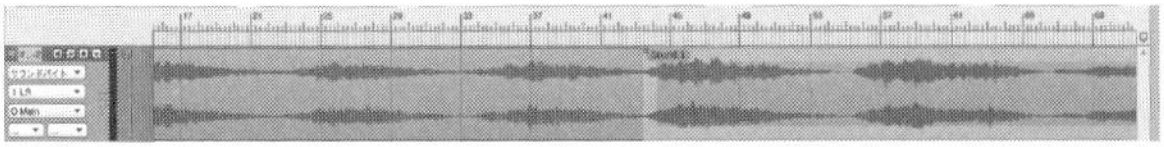

図C

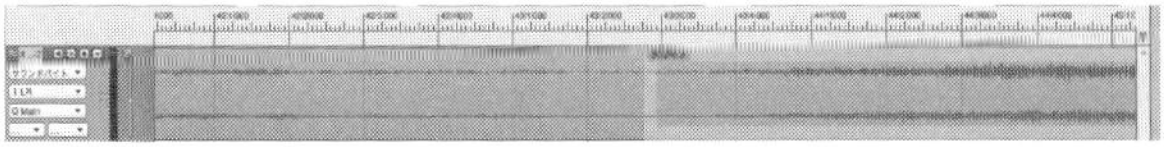

音の出口にあたるヘッドフォン、スピーカーが重要なのは当然のことだ。しかし、ちまたに出回っているヘッドフォンやスピーカーは種類が多く、さまざまな情報が飛び交っているため、何を選んだらいいのか判断に困るアイテムでもある。私はTANNOY社のスピーカーと、SONY社のヘッドフォンを使っているが、本書ではおススメの機種を紹介するのではなく、良い音を追求するためにはこれらをどう使っていくべきか私流の方法を説明しよう。

それはとても単純なことで、

POINT!

「いつも同じ状態でモニターする」

ということだ。

〝細かい音の確認にはヘッドフォンを、定位感を確認するためにはスピーカーを必要に応じて切り換えることが必須〟ということは聞いたことがあると思う。これは間違いではないが、良い音が出ずに悩んでいるなら、まずは制作すべてをヘッドフォンでモニターするといいと私は思う。

たとえば住宅事情から昼間はスピーカーでモニターして、夜はヘッドフォンでモニターしている人もいると思うが、それでは音判断の基準がぶれてしまう。これが音決めが上手にできない要因となる。またある程度の音量、かつ、いつも同じ音量でモニターしたほうがいい。となると、昼夜を問わずそういう環境で制作するためにはヘッドフォンがいいということになる。〝ある程度の音量〟というのは言葉ではなかなか説明できないが、爆音がNGなのは当然として、ヘッドフォンをしていても周囲の話し声が聞こえるようでは小さすぎる。自分が音の世界に十分浸れるくらいの音量がいい。

その状態でミックスした作品を、今度は他のいくつかの違った環境（これが重要！）で聴いてみる。スピーカーでも何でもOK。いくつかの場所で聴いてみると〝思ったより低音が出るな〟とか、〝明るさはちょうどいい〟とか、自分の作品の傾向が見えてくるので、それが正しい反省材料となる。次の作品はそれを踏まえながら制作すればいい。

これを何度か繰り返せば自分のモニター環境での音と、他の環境で聴いたときの音とのイメージの差が少なくなるだろう。

そうやって出したい音が安定して出せるようになってから、スピーカーで定位感を確認しても遅くはない。スピーカーを使ったり、ヘッドフォンを使ったり、あれこれと状況を変えるより、基準をしっかりと決めたほうがモニターの問題を早く解決できると思う。

2 機材を揃える

最近のDAWには優秀なソフト音源やエフェクターが付属しているので、DAWをインストールすればすぐにさまざまな音が出せるようになっている。しかし、それだけで良い音が出せるわけでもない。17ページのオーディオファイル01で聴き比べたように、DAWソフトに付属のピアノ音色とピアノ専用の音色では圧倒的な音質の差がある。使い方次第では付属の音源に軍配が上がることもあるが、基本的パフォーマンスは桁違いに専用音源のほうが上だ。そういったことから、機材を充実させることは作品のクオリティを上げるために必須となる。

そのことを解説するために、これまで私が使用してきたピアノ音源に焦点を当てて、音源がどのように進化を遂げてきたかを見てもらいたい。そしてその次に私の所有するソフト音源・ハード音源[1]・エフェクターを取り上げ、それぞれの特徴（プラス個人的な感想）と導入した動機、曲のなかでどのように使い分けているかを紹介する。一見すると機材のカタログのように見えるかもしれないが、専用音源がどのようなアドバンテージをもっているかがわかるし、良い音を出すためのヒントをたくさん詰めたつもりなので、そのような視点で読み進めてほしい。

1 ソフト音源がパソコン内のプログラムであるのに対して、物理的に存在する音源。

音源の変遷　～ピアノ音源を例に～

ご自身の作る曲のなかで、重要なパートの音色から充実させていくべきだと思う。私はピアノを使うことが多いのでピアノ音色を充実させてきた。その音源を使用した年代と、それぞれの音源の特徴を私の使用感とともに書いた。そうすることで、ピアノ音源の発達の過程が浮かび上がり、専用音源の優位性が明らかになると思う。

１９８０年代後半

Ｋ-２５０（Kurzweil社）というサンプリング型キーボードがあった。憧れのプログレッシブロックバンド、ＹＥＳに在籍していたキーボード奏者パトリック・モラーツが、同じＹＥＳに在籍していたビル・ブラッフォードとデュオを組んで来日公演をしたことがある。私はそれを聞きに行ったが、そのときパトリック・モラーツがこのＫ-２５０で実に多彩な音を出して演

Kurzweil社　K-250

Kurzweil社　MicroPiano

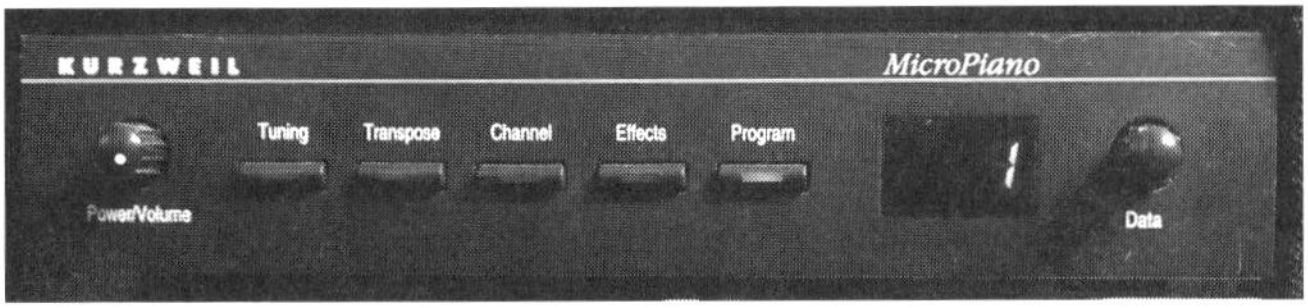

奏していたのが印象的だった。K－250は当時数百万円の値段がついていてとても手が出るものではなかったが、そのKurzweil社からEG MarkⅣという電子ピアノが発売された。同じような音がするに違いないと購入した。

当時もっていたM1R（KORG社の名機M1の音源モジュール）に入っているピアノとは一線を画す音質で、ピアノパートにはほとんどこのEG MarkⅣを使った。私が作曲で仕事をするようになったのもこのころだ。

1990年代中ごろ

EG MarkⅣの調子が悪くなったころ、ちょうど同じKurzweil社から「MicroPiano」という音源モジュールが発売されたので導入。〝月〟をイメージしたCDアルバム《ロマンティック・ムーン》（発売：キングレコード）ではこれが大活躍した。イメージぴったりの音作りができたと思う。

今でも壊れることなく使えているが、数年前、荒々しいレトロなロックピアノが必要な作品に使った以降、今はほとんど出番がない。

1990年代後半

ＡＫＡＩ社のサンプラーであるＳ２０００。今でも覚えているが、新宿の楽器屋さんで衝動買いし、駅から家まで担いで帰ってきた。音色（ライブラリー）は別売りのＣＤ-ＲＯＭで供給するようになっていて、私はEastWest社のＣＤ-ＲＯＭ、The Ultimate Piano Collectionを当時４万円ぐらいで購入した。

収録されているピアノはFazioli、Steinway、Bösendorferの３種類。Fazioliはイタリアのピアノメーカーで、明るい音が特徴だ。Steinwayは世界的スタンダードなピアノメーカーだ。このライブラリーでも〝これぞピアノ〟という感じの音で、さまざまな曲調にあう。Bösendorferはオーストリアのピアノメーカーで、ウィーン楽友協会ホールでもっともいい響きが得られるように設計されたピアノだ。このライブラリーでもオリジナルと同じように重厚な感じの音となっている。実際のピアノをマイクで録音しているので音はとてもリアルだ。

上段が AKAI 社のサンプラー「S2000」、下段が EMU 社「E4XT」

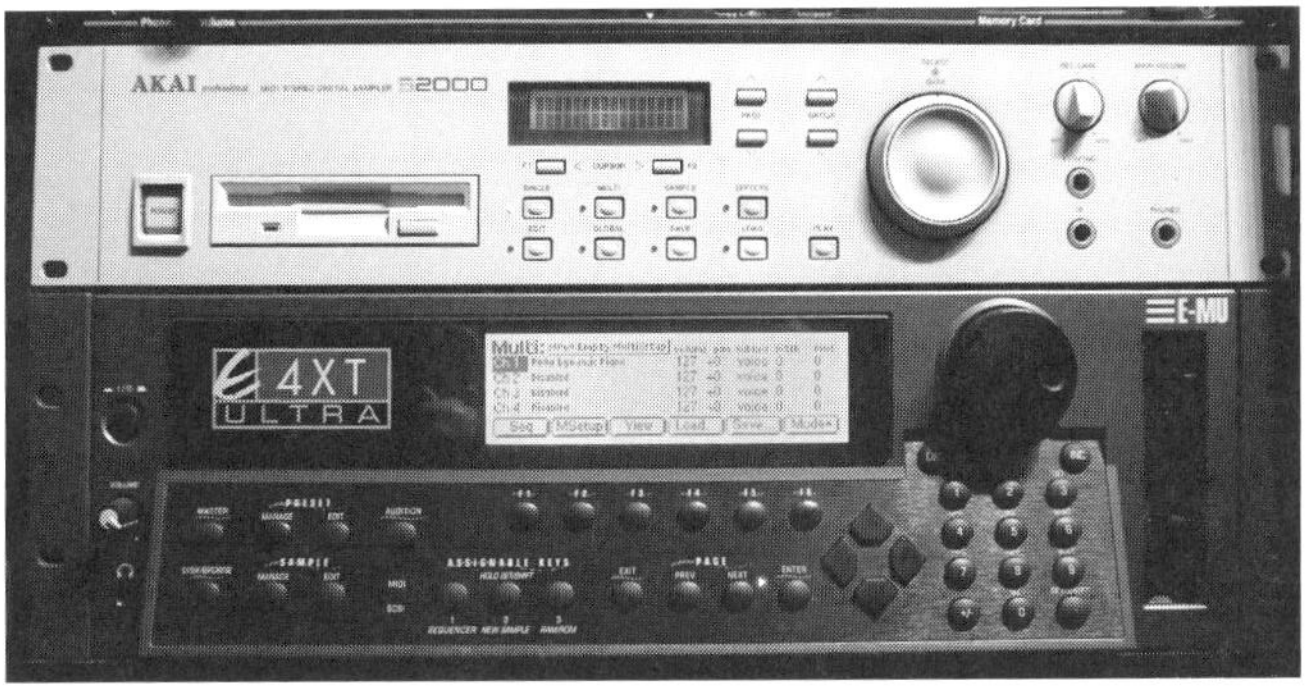

The Ultimate Piano Collection
（CD-ROM のジャケット）

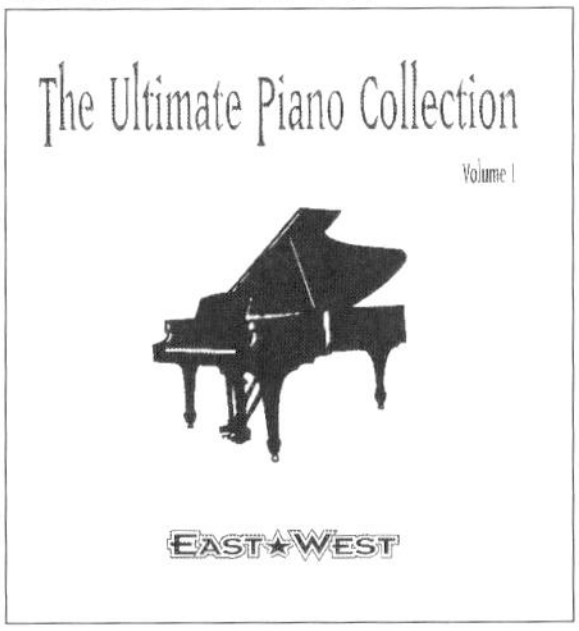

この音色ライブラリーは大当たり。ハンマー[2]が弦を打っている様子が見えるようだ。私はこのなかでSteinwayを使うことが多く、他の2つのピアノは曲調に応じて使っていた。次に導入するGarritan社のソフトピアノ音源を導入するまでのおよそ10年間、多くの作品で使った。

2000年代前半

EMU社のサンプラー、E4XTを導入。S2000のメモリが最大32MBであったのに対し、E4XTはその倍の64MBのライブラリーを読み込めるので導入。S2000で使用していたThe Ultimate Piano Collection内の音色は、メモリサイズによっていくつかのバージョンが収録されている。昔のサンプラーは搭載メモリが少なかったので、自分のもっているサンプラーのメモリにあわせて読み込めるようになっていたのだ。32MBより64MBのほうがメモリを多く使っていることから、ほんの少しだけ響きが豊かだ。だからといって32MBバージョンを使わなくなったかというとそうではなく、曲調によっては32MBバージョンのほうがマッチすることもあり、E4XT導入後もS2000の32MBバージョンを平行

2 鍵盤を押すと対応したハンマーが打ち上げられて弦を叩くという、ピアノの発音機構のなかの部品の1つ。

Garritan社　STEINWAY VIRTUAL CONCERT GRAND PROFESSIONAL

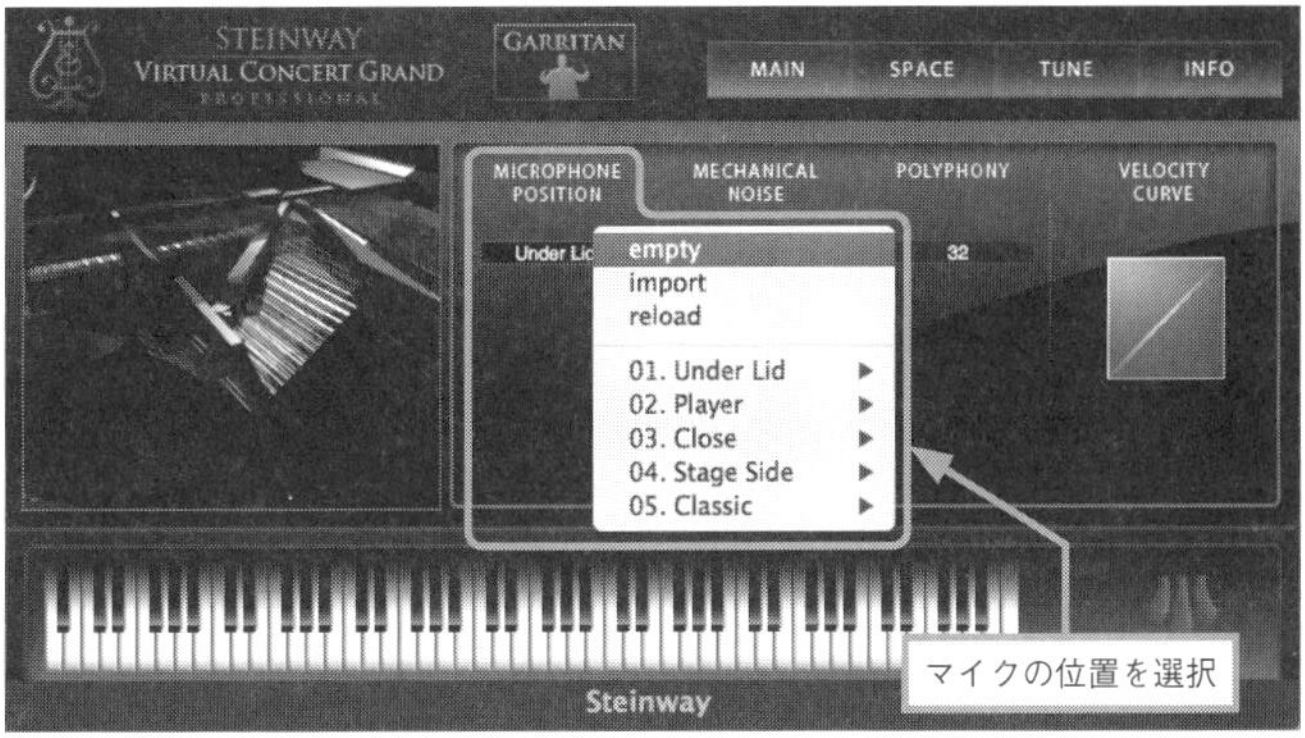

さまざまにエディット可能だ

して使っていた。E4XTはピアノ以外のさまざまな音色も読み込める。そのなかでも私はブラス系の音が気に入っているので、今でも現役バリバリに使っている。

2000年代後半

Garritan社のピアノ専用ソフト音源、STEINWAY VIRTUAL CONCERT GRAND PROFESSIONALを導入。購入記録が見つからず導入金額はハッキリしないが、当時、すでにメーカーが生産を終了していて、国内に残っていた多分最後の1本（インターネットで在庫を探しまわった）だったと思う。

このころ、ちょうどハード音源からソフト音源へ移行していた時期で、この音源は私にとって初めてのソフト音源となった。いくつかのソフト音源を聴き比べた結果、自分の曲にマッチしそうなのがこの音源だった。それまでピアノ音源としてメインに使っていたS2000の The Ultimate Piano Collection からスイッチして、CD《和カフェ》（株式会社デラ）での使用など、これ以降、私のスタンダードな音色になった。もちろん、実際のピアノの音を録音しているが、限られたメモリ容量で音を鳴らすハードウェア音源と違って、ソフト音源ではより多くのメモリを活用できるようになったので、[3] 88ある鍵盤一つひとつに対して、何段階ものベロシティで音が録音されている。[4] 現在でも曲調によって使うことがあるが、この音源は32bit仕様なのでDigitalPerformerを32bitモードで立ち上げて使うか、Logicを32bitモードで立ち上げておいて、64bitで立ち上げたDigitalPerformerから内部接続[5]したLogicへ情報を送って使っている。

3 パソコンのメモリを使うので、ギガ単位のメモリを使うことができる。

4 S2000の［The Ultimate Piano Collection］では、1つの音の録音から上下半音ぐらいの音を算出してメモリを節約している。88鍵盤全部の音を録音しているわけではない。

5 DigitalPerformerの“インターアプリケーションMIDI機能”を使うことでDigitalPerformerのMIDI情報をパソコン内の他のDAWへ送ることができる（次ページ図参照）。

DigitalPerformer 側のインターアプリケーション MIDI 設定

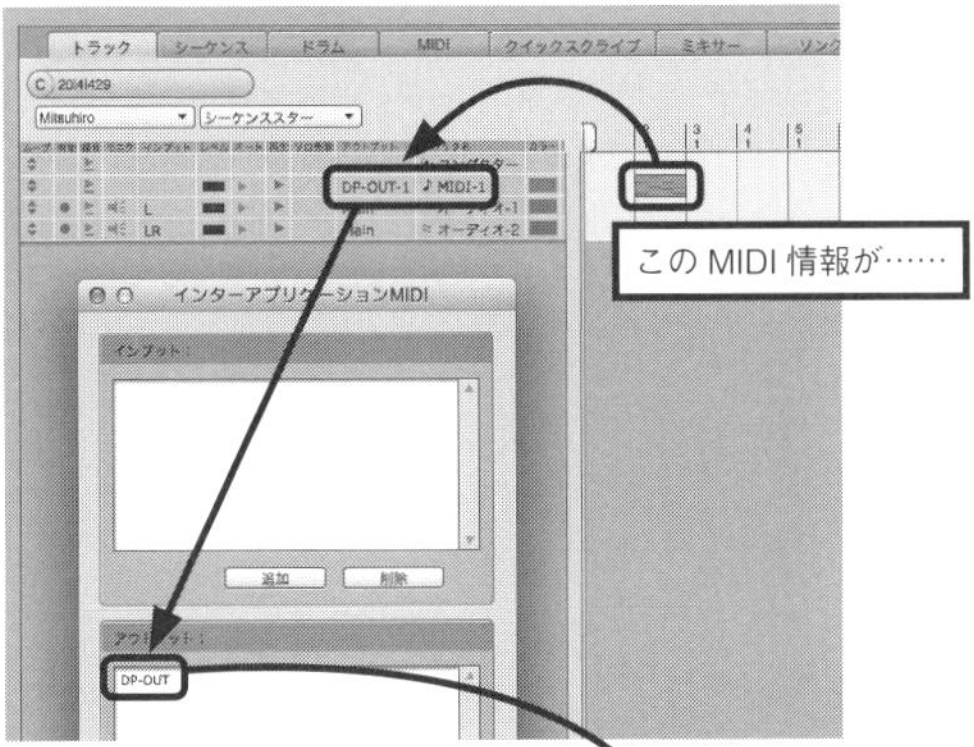

Logic 側のエンバイロメントの設定

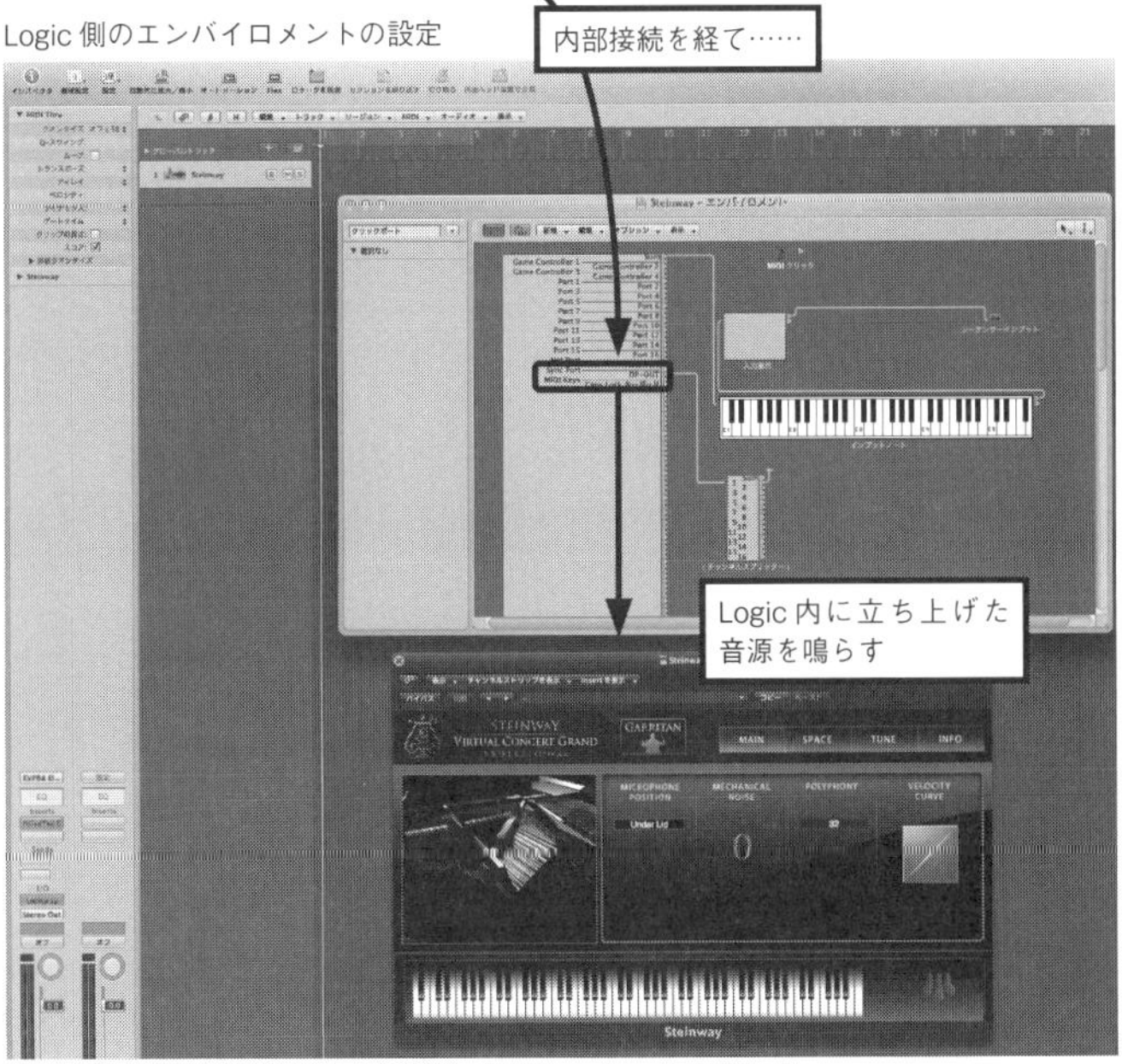

SYNTHOGY 社　Ivory II

さまざまな機能があることがわかる

2010年代前半

SYNTHOGY社のピアノ専用ソフト音源、Ivory IIを知りあいからいただいた。収録されているピアノはSteinway、Bösendorfer、YAMAHAの3種類。全体的に明るい印象で、ポップ系の音が必要なときに使っている。

ピアノのペダルを踏むとダンパー[6]で押さえられていた弦が開放されるが、そのときに〝シャーン〟というような音がかすかに聞こえる。開放されるときの音なので鍵盤を弾かなくてもこの音は出る。ピアノの音の陰に隠れて通常は聞こえないが、Ivory IIはこのような細かな音もてい

6 鍵盤を押していないときには、柔らかい材質のダンパーが弦に触れて振動しないようになっている。

ねいに再現している。この音をオーディオファイルにしたので聴いてほしい。

♪オーディオファイル03

楽譜にすればこのようになる。Ped.のところで〝シャーン〟となって、✽のところでペダルを戻す音と同時に〝シャーン〟もやむ。

楽譜03

ボリュームを上げてファイルにしてある。実際はこれよりはるかに小さい音でしか聞こえない

ピアノは、ペダルを踏んだ状態で打鍵すると、すべてのダンパーが弦から離れているため、打鍵した鍵盤に対応する弦の振動にあわせて、他の弦も共振する。それによって

音に広がりが出るのだが、Garritan のピアノ音源にも Ivory Ⅱ にもこの機能が備わっている（レゾナンス機能）。S２０００やE４XTのペダルは、単に音を持続させるだけで、共振効果を再現することなど、当時は考えられなかった機能だ。

２０１５年

Vienna 社のピアノ専用ソフト音源、Imperial をキャンペーン期間中に導入。以前から導入したいと思っていたところ、通常８万円ぐらいするこの音源が５万円台で買える（購入時の金額）という情報を得て導入に踏み切った。

〝Imperial〟とはピアノメーカー Bösendorfer 社のモデル２９０のことを指す。〝Imperial（皇帝の、特大の）〟という名前が示すとおり、全長が２９０㎝もある。世界的標準スタインウェイ社のホール用グランドピアノの全長は２７４㎝なので、それよりさらに長い。横幅も10㎝以上広く、重量も70㎏重い。通常のピアノより男性１人分重いのだ。間近で見ると〝馬鹿でかい〟印象だ。また、鍵盤数が通常の88鍵より９鍵多い97鍵となっていて、その多い分は低いほうへ延びている。詳しい話はピアノメーカーに聞かなければわからないが、鍵盤の数が多いことが全体のサイズを大きくしていて、その

リバーブは他でかけるので、私はこのリバーブは使わないことが多い

Vienna 社のピアノ専用ソフト音源　Imperial

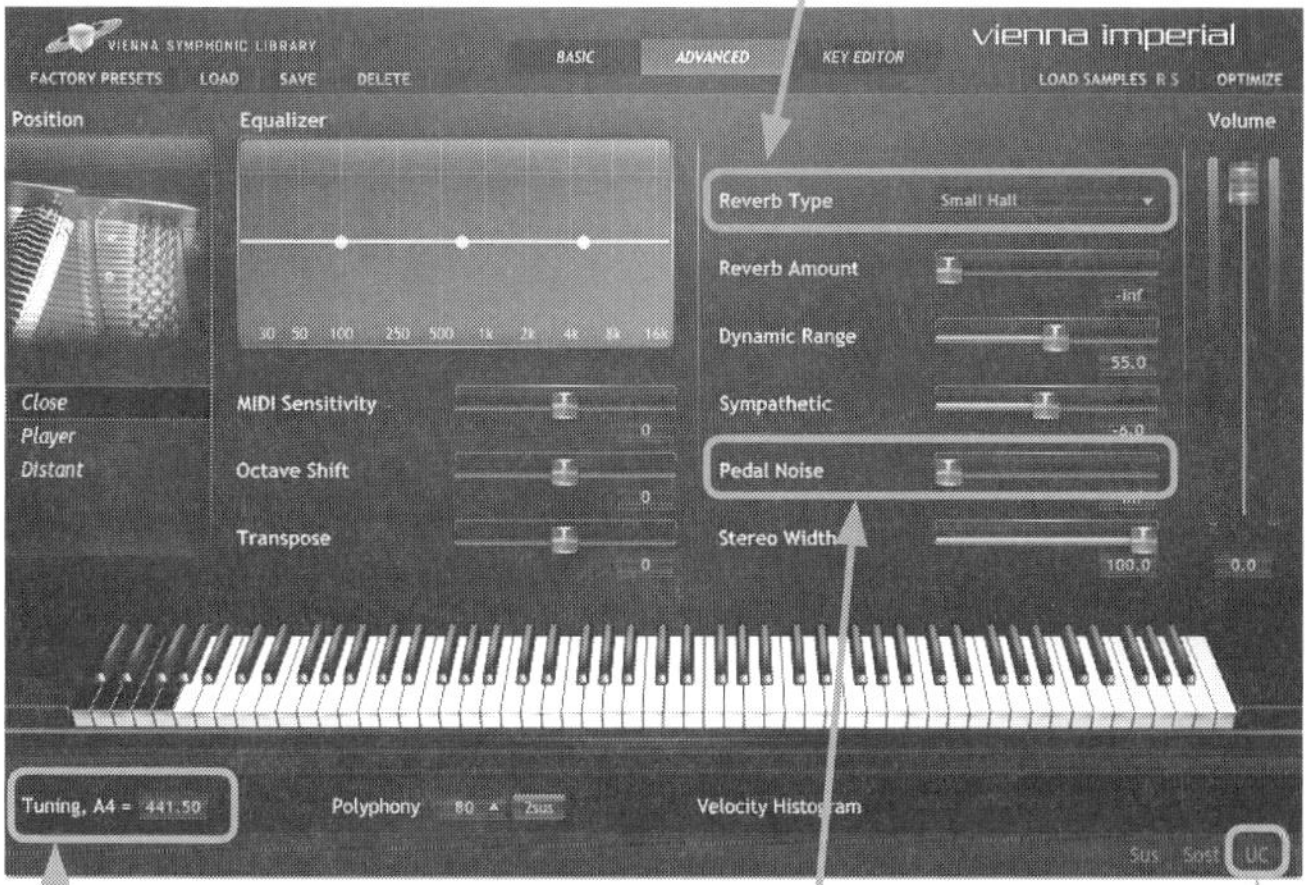

基準となる A を 440Hz ではなく 441.5Hz にすると他の音源ときれいに調和するようなので、私はこのように設定している

ペダルノイズはあるほうがリアルだが、ないほうが私は好きなので、ノイズが出ないようにボリュームを下げることが多い

ウナコルダの表示。

ウナコルダとは、左のペダルを踏むと生まれる効果で、音がソフトになる。音がソフトになる仕組みはピアノメーカーによってさまざま。DAW ではコントロールチェンジ番号 67（CC67）でオン／オフすることが可能だ

ことが音の減衰時間を長くしているのではないだろうか。

Vienna 社の音源もそれをよく再現していて、滑らかな減衰音がとてもきれいに響く。第4章で取り上げる曲では、この特長を十分活かしたつもりだ。また、文章では表現しにくいが、Steinway にはない Bösendorfer 特有の中高域の特徴的なさらっとした音もそのまま再現されている。

＊　＊　＊

以上がこれまで私が使ってきたピアノ音源の変遷だ。収録マイクの位置をチェンジできたり、サスティンペダルがもたらす微妙な響きの再現が可能になったりと、メーカーがよりリアルな音の再現を目指してきたことがよくわかる。ピアノ専用に開発された現在の音源が圧倒的なクオリティをもち、オールインワン型に含まれるピアノ音源とは圧倒的な差があるのは当然といえば当然だ。5万円のオールインワン型音源と5万円のピアノ専用音源とを比べれば、どっちがリアルな音が出るかは簡単に想像できるだろう。

しかし、私がここで書きたいのは、専用音源の優位性ではない。

POINT!

「曲調によって音色を選択できる環境が必要だ」

ということだ。「仕事だからいろいろと買えるんだろう」と思うかもしれない。確かにそういった点はあるかもしれないが、ポンポンと買えるわけはなく、安く買えるように常にアンテナを張っている。

たとえば、IK Multimedia社のSampleTank2.5XL（執筆時はバージョンが3に上がっている）を私はセール期間、1万円以下で購入した。また、執筆時点でProToolsに付属するオールインワン型ソフト音源のXpand2!が1ドルで販売（期間限定）されていた。いつもの音源ライブラリーにXpand2!が加われば、音色の選択に幅が出る。また、最近（日本でも）騒がれるようになったが、ブラックフライデーの時期を狙って通常より安く手に入れた音源やプラグインもある。このようにアンテナを張っておくというのも努力の1つだと私は思う。

ここからは、私が使っているピアノ以外の主なソフト音源を紹介したい。

※ソフトウェアのバージョンは執筆時に所持しているものである。すべての感想はそのバージョンでの私の個人的なものだ。

Xpand2!（AIR Music Technology 社）

ProTools に付属しているオールインワン型のソフト音源。第1章でも紹介した。私は Windows にインストールした ProTools からこの音源を立ち上げて、それをＭａｃからコントロールして使っている。[7]

全体の印象は、いい意味で標準的なサウンドだ。これをもっていれば、基本的な音色はひととおり揃う。

私はパッド系の音が秀逸だと思うので、それを中心に使ってい

7　32bit の Mac を使用していたときはメモリに制限があったため、一度に立ち上げられるソフト音源に限界があった。そのため、いくつかのソフト音源を Windows パソコンにインストールして、メモリを分散させて制作していた。現在、Mac は 64bit になり、搭載メモリをフルに使えるようになったので分散させる必要はなくなったが、今後発売されるソフト音源は使用メモリがより多くなると考えられる。そうなれば再びメモリの限界を感じるようになるのかもしれない。これまでもハードとソフトはそのように発展してきた。

AIR Music Technology 社　Xpand2!

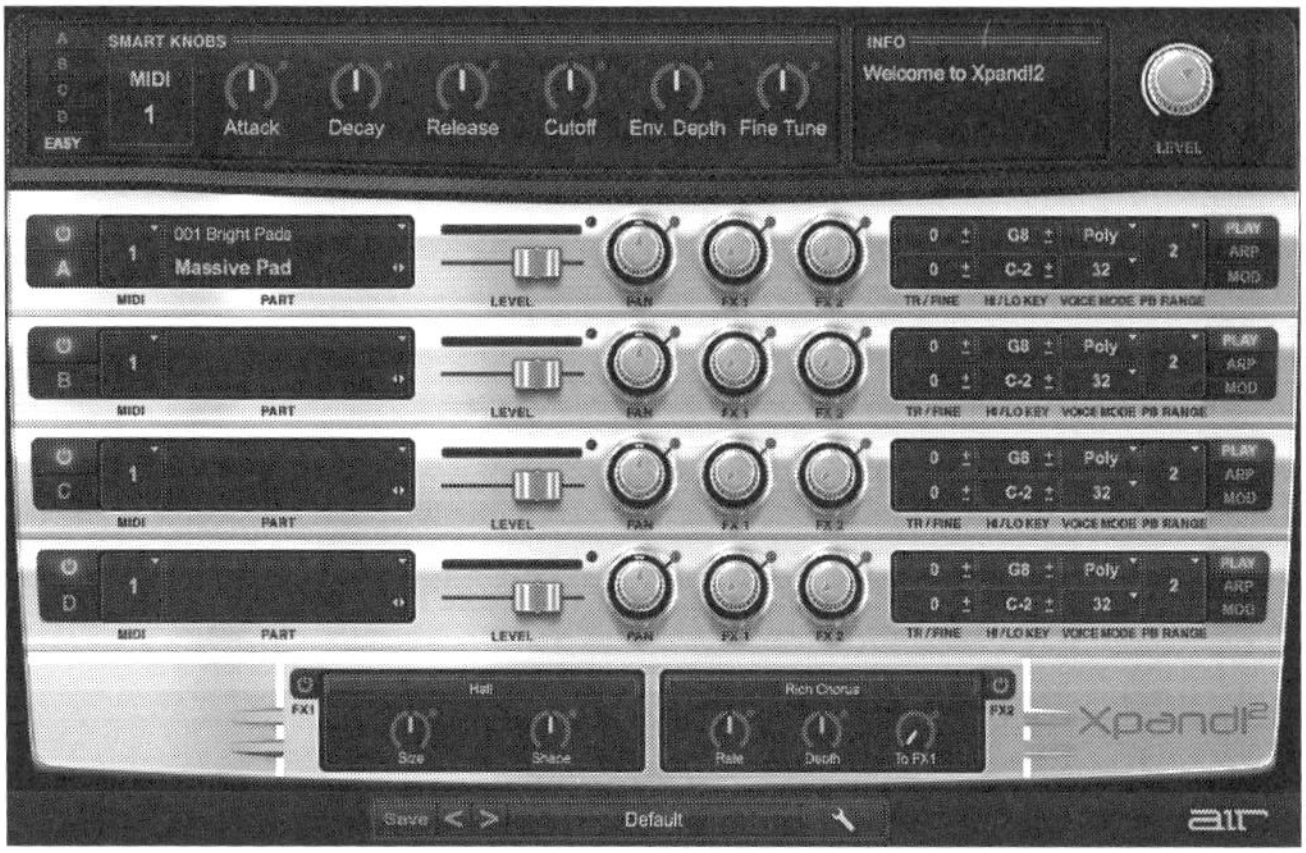

る。モジュレーションを効果的に使っているプログラムが多く、鍵盤を押さえたあと、音がさまざまに変化することで、パッドの質を上げている。その他、ベル系の音色がキツすぎず明るいので、使いやすい。

ProToolsに付属していたので、特別な導入動機はない。

V-Collection（Arturia 社）

昔懐かしいアナログシンセの名機をシミュレートしたソフト音源をいくつも集めたパッケージ。そのなかの MiniMoog や Prophet5 は、私が以前から憧《あこが》れていたシンセサイザーだ。金額面、メンテナンス面からなかなか実機は手に入れられないので、このコレクションを導入。

コレクションのなかの ModularV というソフトシンセサイザーを操ることができるようになれば、さまざまなメーカーのシンセサイザーをソフト・実機の区別なく操作できるようになるだろう。それほどこのシンセサイザーは多機能だ。発売当時、その大きさと形から〝タンス型シンセ〟とも呼ばれた実機では、ケーブルを使って各セクションを接続して音を出す。

私はアナログシンセの特徴を活かしたシンセベース音を使うときにはこのパッケージのなかから選ぶことが多い。10代のころの憧れのシンセサイザーが欲しいというのが導入動機だ。

V-Collection には他のシンセサイザーも収録されているが、ここでは次の3機種を紹介するにとどめる。

Modular V

さまざまなモジュールを結線して音を作る。音作りの自由度が高い

Mini V

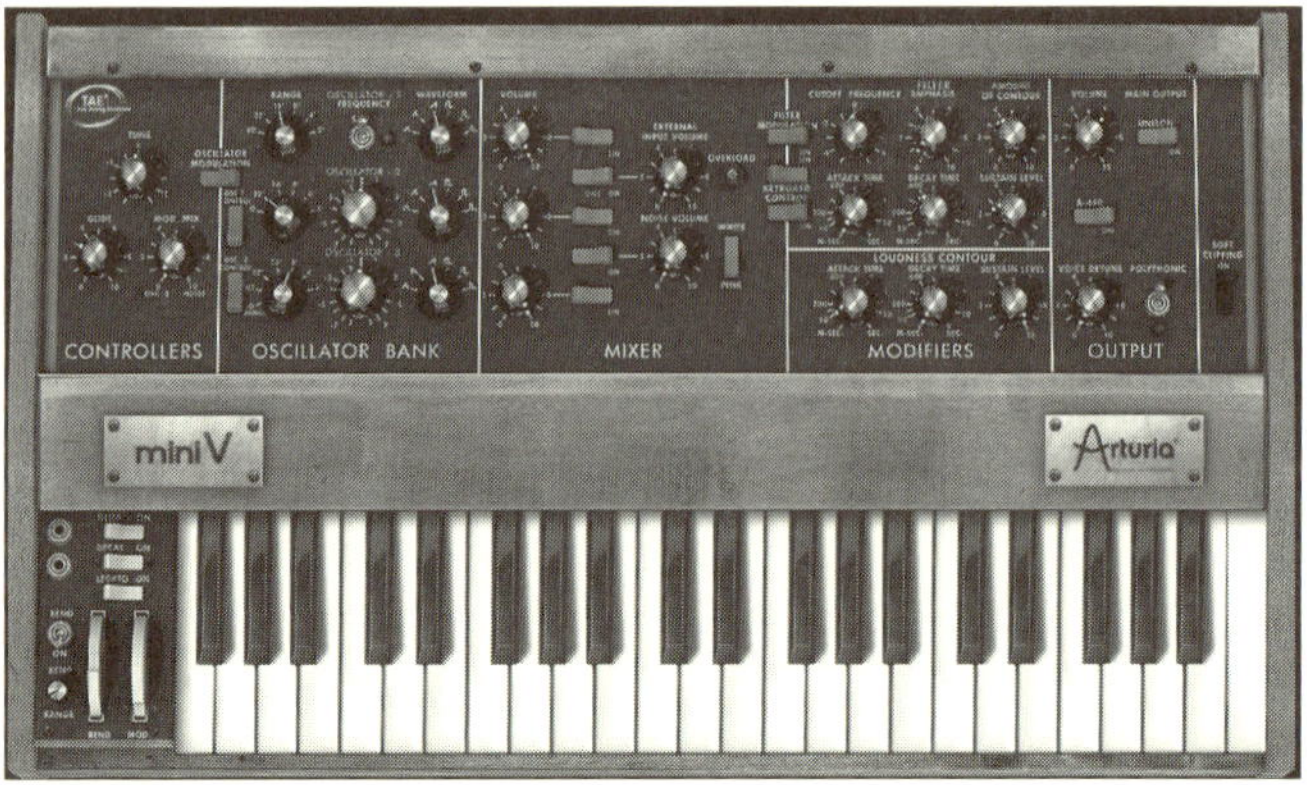

代表的なモジュールを内部結線している。操作性が高い

Prophet V

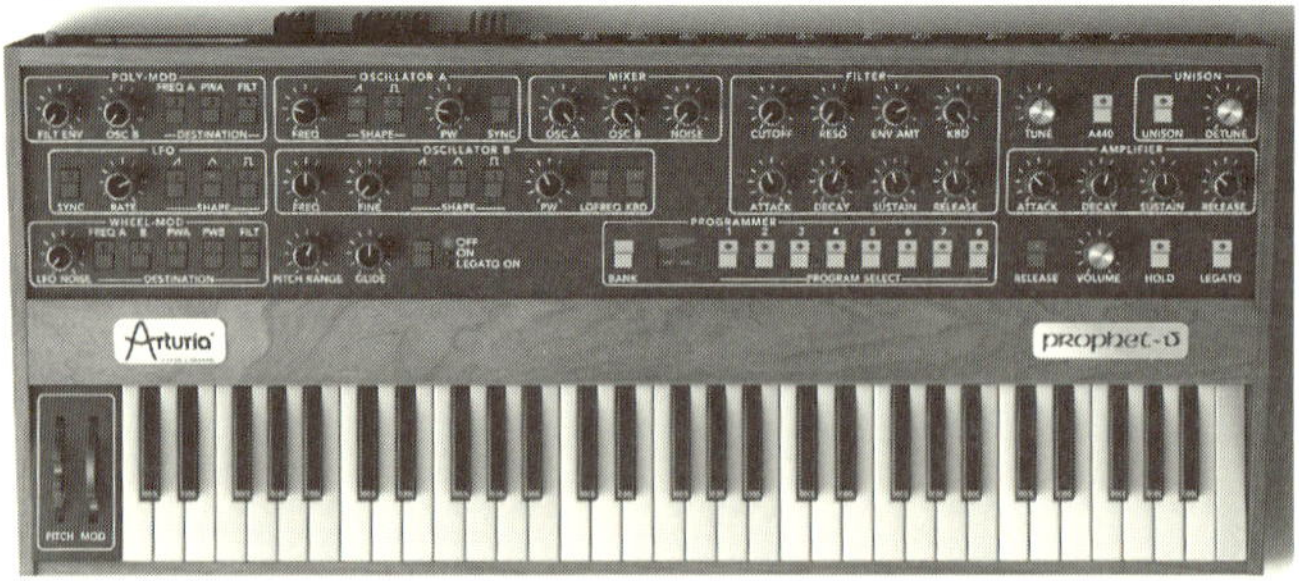

和音が出ることと、音色を記憶させることができることが発売当時話題となった

u-he社　Dexed

Dexed（u-he社）

デジタルシンセサイザーの幕開け的な存在のDX7（YAMAHA社）をシミュレートしたソフト音源。

多くのシンセサイザーが〝倍音減算方式〟で音を作っていくのに対して、DX7はFM音源方式という方法で音作りをする。エレピ（エレクトリック・ピアノ）のリアルさは衝撃だったことを今でもよく覚えている。それまでのシンセサイザーでは、エレピの発音方式であるハンマーが金属を叩くような音は出せなかったのだ。私も実機を発売後間もなく手に入れたが、壊れてしまって今は使っていない。このＦＭ音源方式は音作りが難しいと一般的にいわれているが、当時私は音楽短期大学でＤＸ７を使った授業を担当していたこともあり、各パラメーターの数値を見ただけで最終的にどんな音が出るかがわかるぐらいまで使い倒した。

最近になってそれが無料ソフト音源となって配布されていることを知り、Ｍａｃにインストールした。

SampleTank（IK Multimedia社）

オールインワン型のソフト音源。〝すぐに使える音が満載〟、これが私の印象だ。

通常プログラム音色はそのままではなく、エフェクターを使ってブラッシュアップしていく必要があるが、SampleTankの場合はすでに必要なエフェクト処理がされていて、曲にあわせて少し調整するだけですぐに使えるというのが特徴だ。音圧を上げるためにはその音色の特徴的な帯域以外をカットすることが多いが、そういった処理がすでにしっかりされているのかもしれない。

しかし、この音の傾向は私が作るようなアコースティックな手触りのジャンルにはフィットしないので、曲の中心的な音色をこのSampleTankに任せることは少ない。私

IK Multimedia社　SampleTank

細かく音が編集ができる
大まかに音を編集する
編集項目は選択する音色によって変わる

は、使用トラックが20、30トラックと増え、あと1つパートを増やしたいというときにSamplTankを使うことが多い。多くのパートが重なったサウンドのなかでも埋もれずにきちんと聞こえるのだ。

　また、作品を作っているときは手早く音色を編集できると便利なのだが、そのためのつまみが鍵盤のすぐ上にわかりやすくレイアウトされているのもいい。

M1（KORG社）

　いわずと知れたKORG社の伝説的な名器M1をKORG社が自

KORG社　Ｍ１

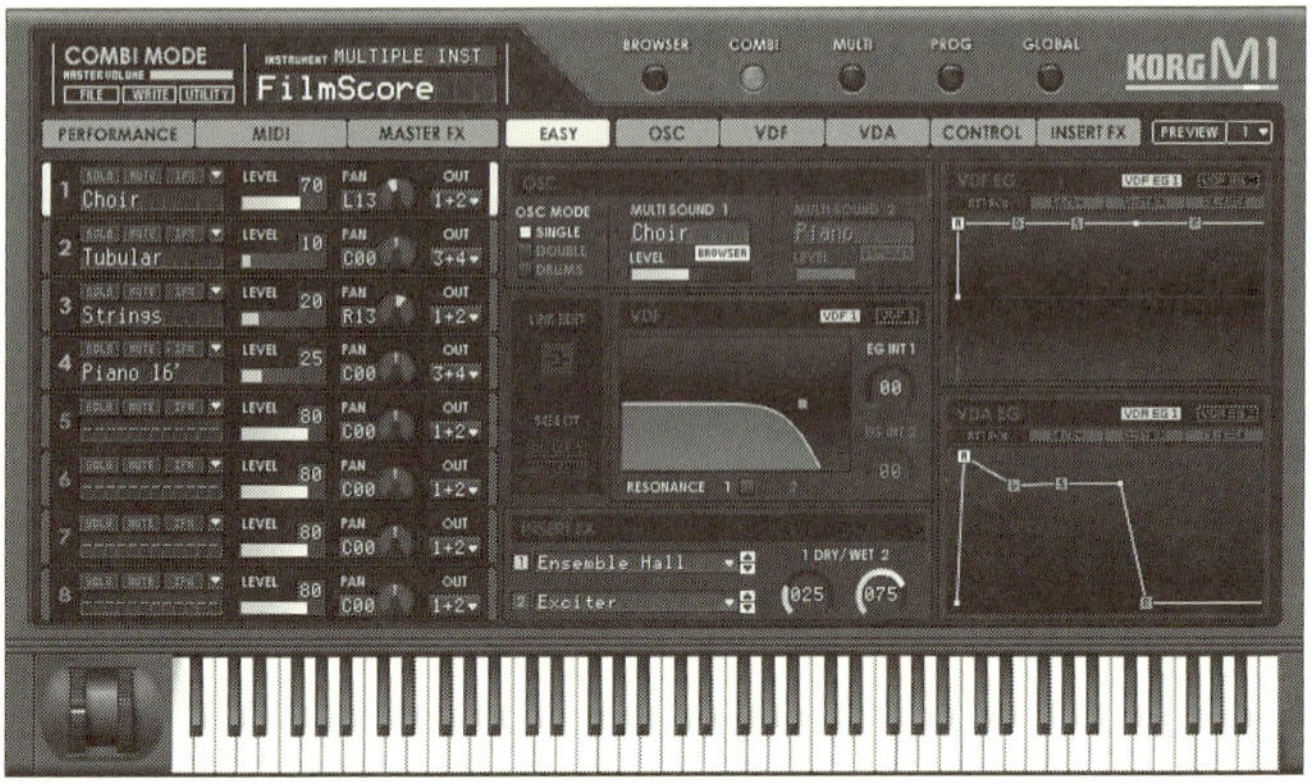

使用頻度は減ったものの、M1 でしか出せない音がたくさんあるのでソフト音源の M1 を導入

らソフト音源化したものだ。タイプはオールインワン型。

Ｍ１の実機をもっていたが、25年以上経ってさすがに壊れてしまった。このようにハード音源はアップデートなど何の手段を講じなくても、相当長い期間にわたって使い続けることができる。しかも途中でパフォーマンスが落ちることがない。果たして、今のソフト音源は何年くらい使い続けることができるのだろうか。私も最近はソフト音源に目が向きがちだが、長く使い続けることができるという点でハード音源も見過ごせない。

私にとってＭ１は、ＤＸ７と同じぐらい使い倒した音源だ。実機は今でもラックに収まっている。

IK Multimedia社　Miroslav Philharmonik

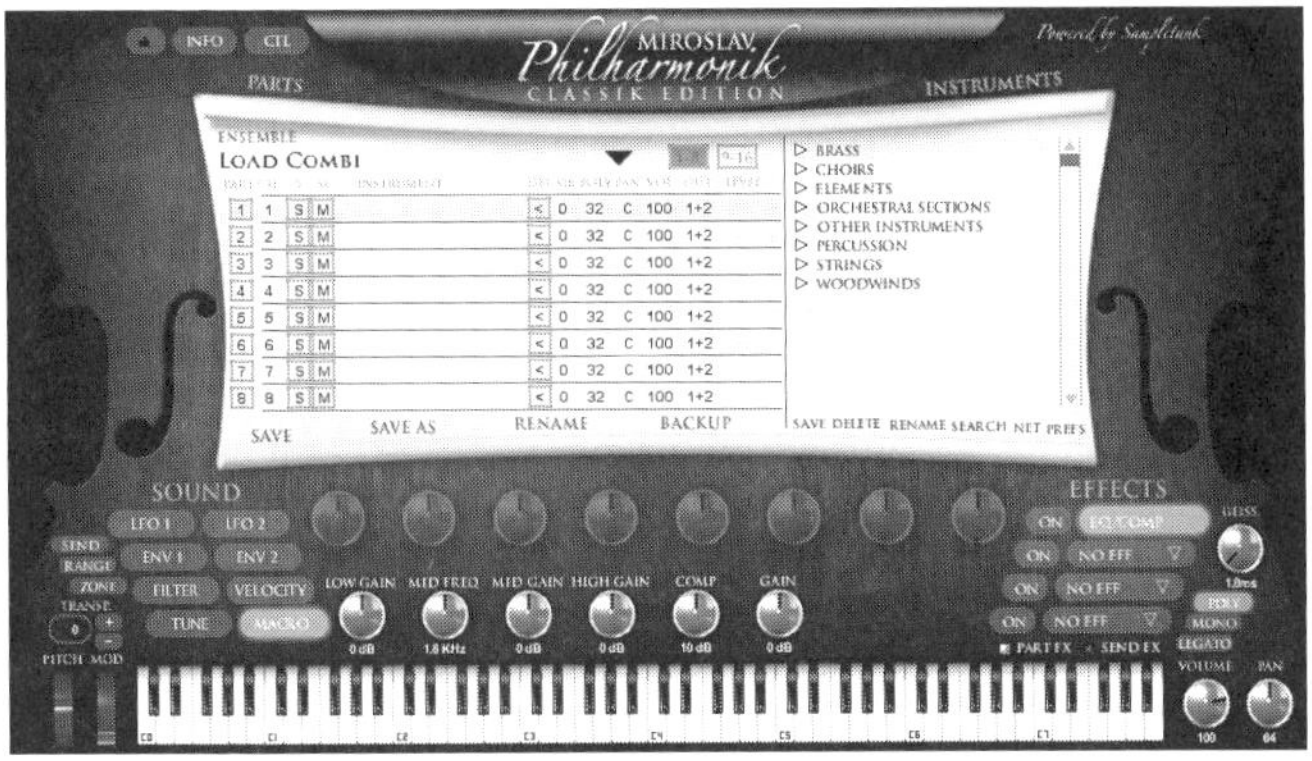

Miroslav Philharmonik（IK Multimedia社）

オーケストラのさまざまな音色が収められた音源。オーケストラ音源としてはVienna社のSpecialEditionをメインとして使っているが、音色の幅を広げようと同じタイプの音源を探していたところに、〝期間限定価格1、470円〟の情報を得て購入。〝ホールの質感〟というのがこの音源の私の印象だ。

Viennaのヴァイオリンに Miroslav Philharmonikのヴァイオリンを重ねるという使い方が多い。ときには後述するOmnisphereのヴァイオリンも重ねる。ミックスバランスやエフェクター次第でさまざまな色合いのヴァイオリン音色が生まれる。この、音色と音色を重ねてより豊かな響きの音色を作るという方法は一般的なアレンジにおいても、コンピュータミュージックにおいてもとても重要なテクニックだ。詳しくは、私が書いた『ＤＴＭトラック制作術』（スタイルノート刊）を読んでいただきたい。

その他使用頻度は少ないが、フルートのビブラートや、ティンパニの質感が秀逸など魅力的な音色がいくつかある。[8] また、フルート、トランペットなど個別の音色とは別に、フルート＋クラリネット＋オーボエ＋ファゴットなど複数の楽器をミックスした音色も収録されている。個別音色を自分で組みあわせれば同様のことを再現することも可能だが、楽器の組みあわせを次々に切り換えて簡単に試聴できるので、作業効率が上がる。

MachFive（ＭＯＴＵ社）

DigitalPerformerと同じＭＯＴＵ社の製品。オールインワン型のソフト音源だ。２０１１年ごろ、１ドルが80円ぐらいになったときアメリカのサイトで購入。マニュアルが英語しかないのが難点だが、安く買うことができた。〝メモリを贅沢《ぜいたく》に使ったライ

8　執筆時の最新バージョンは“2”。私はバージョン“1”しかもっていないので、本文はバージョン1を対象に書いたもの。また、バージョン1は32bit仕様なので64bit仕様のＤＡＷからは立ち上げることができない。そのため、Miroslav Philharmonikの音色ライブラリーを64bit仕様のSampleTankで読み込んで使用している。

MOTU社　MachFive

ブラリー〟というのが私の印象。どの系統の音色も平均以上の出音がする。

たとえばテレキャスター・ギターの音色を読み込むとＤＡＷ全体の動作が緩慢になる。メモリを贅沢に使って音色を作っているからか技術的なことは私にはわからないが、音質にこだわった結果ではないだろうか。その後Ｍａｃを新調すると同時に搭載メモリを32ＧＢにしたので、今はきびきび動いている。ただし、今でも音色の読み込みは同種の音源と比較して、決して速いとはいえない。

その他このソフト音源にはＡＫＡＩ社やＥＭＵ社など他社製のサンプリング音源をＣＤ-ＲＯＭから読み込む機能が備

わっている。今は動いているが古くなったS２０００と４XTが壊れたときのことを考えて、もっている数十枚のAKAI社やEMU社用のサンプリング音源をMachFiveに読み込んでライブラリー化した。

また、OSの進化で使えなくなってしまったMOTU社のオーケストラ専用音源Symphonic Instrumentのライブラリーも読み込めるので、同ライブラリーの音色を使いたいときにもMachFiveを立ち上げている。こちらのライブラリーには、チェンバロ、チェレスタ、オーケストラのなかのスネアドラムなどが良い音で収録されている。

私が新しく曲を作りはじめるときには、ピアノ音源か、このMachFiveを立ち上げることが多い。そういった意味では私が使うメインの音色といえるだろう。

Independence（MAGIX社）

私が導入した当時はYellowTools社の製品であったが、のちにMAGIX社に変わった。オールインワン型のソフト音源だ。バージョンが〝2〟から〝3〟へ変わる際の特別価格で購入した。

この音源の特徴は〝アコースティックな空気感〟だ。収録されている音の感触が立体的で、色づけされていない素直な音という印象。

また、パーカッションの種類が豊富なことも大きな特徴となっている。タンバリンやトライアングルなどの音以外にも、ドラム缶やフライトケースを叩いた音といった一風変わった音も収録されている。

同じ楽器の音が数種類録音されているのもすばらしい。アコースティック楽器は同じように演奏しようとしても毎回違った音が出る。

たとえば次ページ図はタンバリンの音を選んだところだが、□で囲んだCからFには微妙に違う音のタンバリンが録音されている。タンバリンは叩くたびに強弱も変わるし、金属のこすれ具合が毎打異なるのは容易に想像できる。それを再現するためにC〜Fのサンプルを混ぜて演奏するのだ。

その効果を**オーディオファイル04**で確認してほしい（**楽譜04**）。実際のMIDI演奏は**楽譜04-2**のようになっている。Aは〝ド、レ、ミ〟の3種類の演奏（サンプル）を混ぜているが、Bは〝ド〟のみ、つまり1つのサンプルしか使っていない。

↓ ♪オーディオファイル04

MAGIX 社　Independence

Independence
MAGIX
それぞれ微妙に演奏が異なるタンバリンの音が
入っている。それぞれの波形は下図のとおり。

それぞれの音のサンプリング波形（ベロシティ値が 96-103 の場合）

C

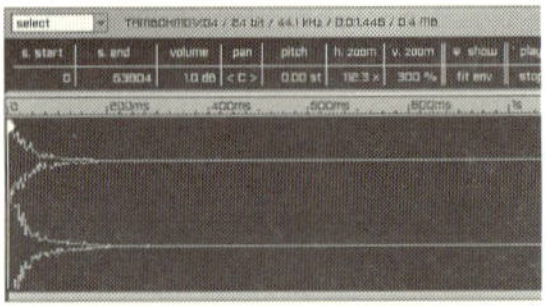

E

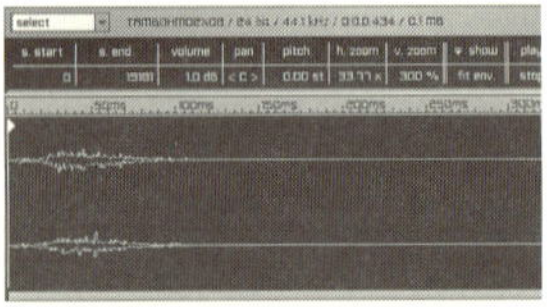

D

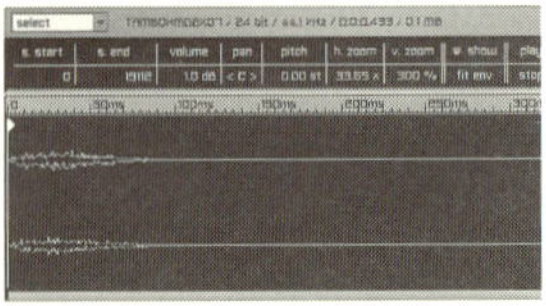

F

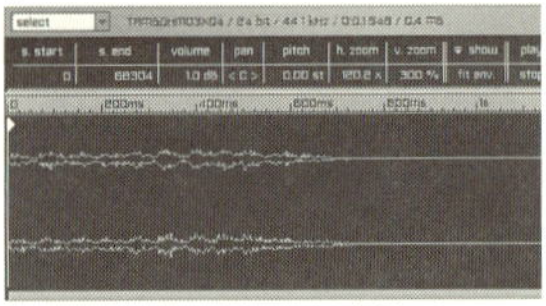

⬆タンバリンのロール奏法がここにサンプルされている

楽譜 04

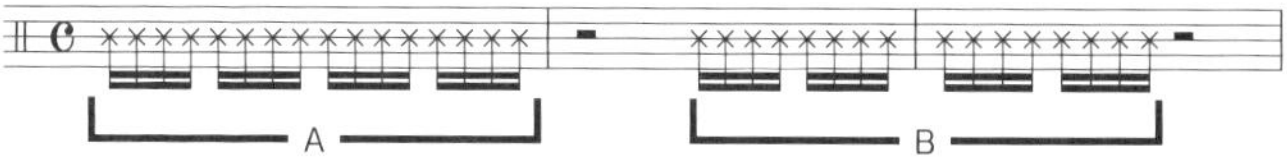

楽譜 04-2

図

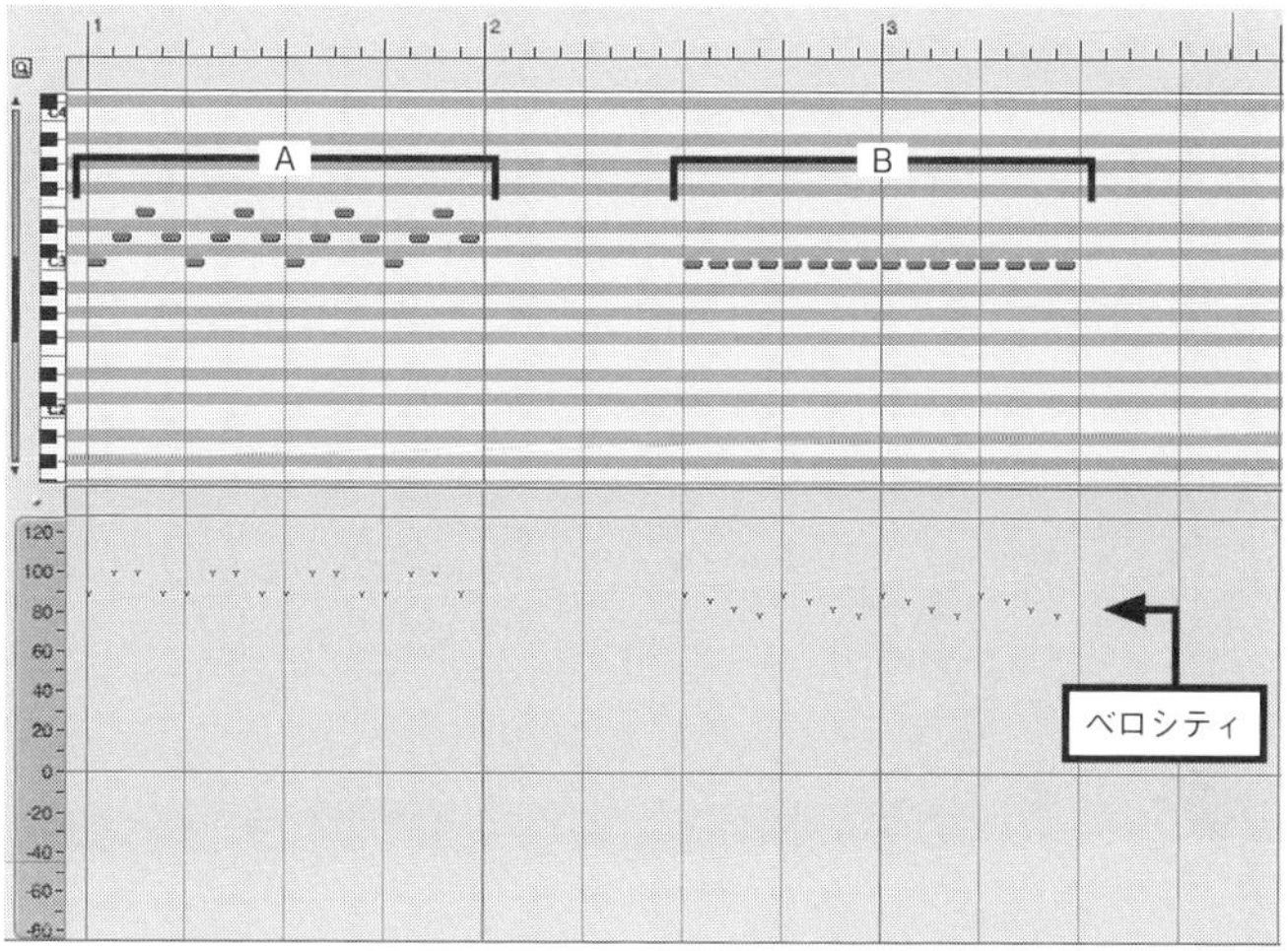

98 ページ図の鍵盤、波形と照らしあわせて、サンプルの再生状況を確認しよう

聴き比べると、Bがとても不自然であることがわかる。いわゆる〝ベタ打ち〟というのは主にベロシティが均一な状態をいうが、Bのように同じサンプルを連続使用すると、いくらベロシティを調整しても〝ベタ打ち〟のように聞こえる（前ページ図で見るようにBのベロシティは一定ではない）。こういったタンバリンの演奏が1ヵ所でも聞こえたら、意図的でない限り、その曲のサウンドクオリティは下がって聞こえる。

このことでわかるように音の良さは出音だけではなく〝演奏の質〟も影響している。※機能を知っていなければせっかくの音源のパフォーマンスを引き出すことはできない。最近の音源の機能は昔のハード音源とは比べ物にならないほどに進化を遂げているので、それを使う私たちにかなりの重圧がかかっている。音源を買えば良い音が出るわけではない。

※このような例は、148ページでも出てくるので改めて解説する。

POINT!

「良い音は、良い機材と良いパフォーマンスの両方が揃わなければ生まれない」

RealGuitar、RealStrat（MusicLab社）

ギターの入力、特にストローク奏法を専用音源を用いずに入力するのは至難の業《わざ》だ。私はこれまでもストロークの感じを出すためにアップ・ダウン奏法を考慮に入れて音符をずらしたり、ベロシティによって高音側に重心を置くか低音側に重心を置くかで軽やかさや重さを表現したり、ずらし加減やベロシティを不規則にしたりと、考えられる限りのリアルさを追求してきたつもりだ。

しかし、VirtualGuitarist（Steinberg社）というギター専用音源を聴いたとき、その苦労がなんとはかないものであったかを思い知らされた。専用音源の出す音は私が苦労した結果の演奏をあざ笑っているように聞こえた。それほどギターの専用音源の登場は私にとって衝撃的なものだった。

ギターのストローク奏法は私自身の作品にはあまり使わないので実際の導入はそれからしばらく経ってからで（私の場合、揃えたい音源の優先順位が低かった）、実際に導入したギター専用音源はこのRealGuitarとRealStrat（いずれもMusicLab社[9]）だ。

ストローク以外にもミュート奏法やスライド奏法など、さまざまなギター特

9 MusicLab社からは他にもギター音源がリリースされている。

有の奏法がリアルに再現できる。ブリッジに対してピッキングする位置を変えることで、音質を変えることもできる。

では、ギターなら何でもお任せかというとそうではない。RealGuitarはナイロン弦のギターもサポートしているが、ナイロン弦でメロディを演奏させるときには、私はこのRealGuitarではなく、それより10年以上も前に発売されたS２０００用のライブラリー音色を今でも使う。その音色にはグリッサンドやミュートなどの奏法は用意されていない。あるのはロングトーンだけだ。私の曲ではナイロン弦で奏でられるメロディはリバーブの効いたメロウな感じが多いが、S２０００用にサンプリングされた音はやさしくカラッとして、それでいてウェットな感触。曲にしっくりと馴染む。その点、RealGuitarが出すナイロン弦の音は私の曲にはアタックが強すぎる。さまざまな奏法を使えるRealGuitarは魅力的だが、S２０００を使うときには、そういうさまざまな奏法を使わない、使ってもピッチベンドで表現できる奏法だけに絞ったメロディにすればいい。

実はここにも良い音を出すためのヒントがある。

MusicLab 社　RealGuitar

アコースティック・ギターに特化した専用音源

MusicLab 社　RealGuitar

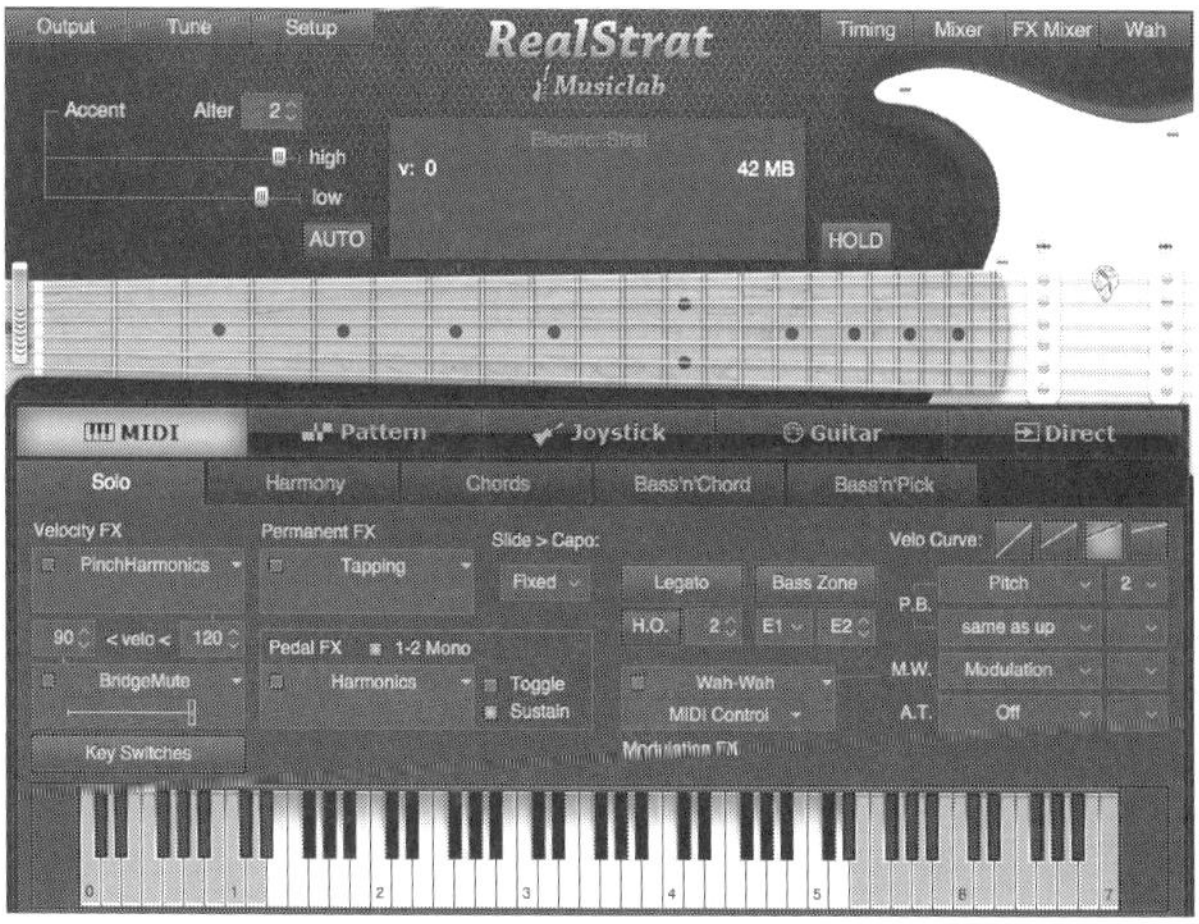

ストラト・ギターに特化した専用音源

音源には、良い音を出すポイントがどこかにある。

POINT!
「その音源が得意とするところを使うようにするのが、良い音を出すためには重要だ」

その逆に、不得意とするところは絶対に使ってはいけない。先ほどのタンバリンの例と同じで、1音でもそういう低クオリティの音が混ざると、その作品のクオリティが下がってしまう。

添削・アドバイスするとき、「○○のところの音が良くないね……」と作曲者に言うと、「そうなんです……他に良い音がなくて……」という返事が返ってくることがある。私はそういうとき、「音源の設定やエフェクターなど、さまざまな修正を試みて、それでも満足できる音にならなければ、そもそもここにこの音を使わないように発想を変えるべき」とアドバイスしている。いくら素敵なサウンドをイメージしてもそれを叶える道具をもっていなければ、それは曲に取り入れるべきではない。

POINT!

「自分で満足できない音は、聴く人に不満を与える」

出したいのに出せないその不満と葛藤は、叶えられる新しい音源を導入するための力とすればいい。

Omnisphere（Spectrasonics 社）

Omnisphere はなんといってもプリセット音の完成度の高さに特徴がある。空気感あり、明るさあり、重厚さあり、ワクワク感あり、現代的なセンスありで、使っていて楽しい音源だ。

私は Omnisphere の前身である Atmosphere からのユーザーで、かなり前から自分の作品に使っている。後述する Vienna の弦楽器に厚みをもたせるときには

Spectrasonics 社　Omnisphere

［AdagioExpressivo］、［CathedralStrings Orchestra］、［DreamyStrings Orchestra］のいずれかのプリセット音をエディットして使うのは私の定番中の定番の音色作りの方法だ。また、シンセサイザーならではの現実には存在しない音などのプリセットを聴いてもすばらしく、実に多彩な音が並んでいる。もちろん自分の曲にフィットするように、さまざまなエディットも可能だ。

実は私自身、Omnisphereを使いこなしているとはいえない。使いこなしているといえるまでにはもう少し時間がかかるだろう。これから作る作品にOmnisphereがどんな色合いをつけてくれるかがとても楽しみだ。19ページに〝選んだ音色が最大限に映える曲を作る〟と書いたが、Omnisphereはまさにそういうインスピレーションを与えてくれる音源だと思う。

Vienna Instruments（ViennaSymphonicLibrary社）

オーケストラに含まれる数々の楽器が収録された音源。ヴァイオリン、チェロ、フルート、トランペットなどのライブラリーが個別に販売されていて、それぞれに多彩な奏法（レガート、スタッカートなど）が収録されている。ユーザーは自分に必要な楽器を選んで購入するというシステムだ。

すべての楽器を揃えるとかなり高額になる。私は代表的な楽器の代表的な奏法をセットにしたSpecialEditionとその拡張音源であるExtendを購入した。SpecialEditionだけで基本的な音色と奏法は手に入るが、補強したい楽器のライブラリーを追加購入すれば、SpecialEditionにはないさまざまな奏法を加えることができる。

私はハープを補強したかったのでハープを個別に導入した。ギターのストロークのようにハープはアルペジオやグリッサンド奏法が特徴的だが、この音源を使えばそういった演奏をリアルに表現できる。

実際のアルペジオ奏法を聴いていただきたい。

左ページの楽譜05をこの音源で演奏すると、オーディオファイル05のようになる。

⬇オーディオファイル05

自然な感じに聞こえると思うが、実際には左ページ図Aのように入力している。図Aの①を演奏すると。楽譜05の①が演奏されるのだ。楽譜05の各音のベロシティや演奏タイミングを1つずつていねいにMIDI入力すればそれなりにいい感じのハープ演奏に仕上げることはできると思うが、ギターのストロークのところで書いたように、やはり専用音源の完成度は絶大なものがある。

以上が私が導入し、実際に制作に使用している主なソフト音源だ。

ViennaSymphonicLibrary 社　Vienna Instruments

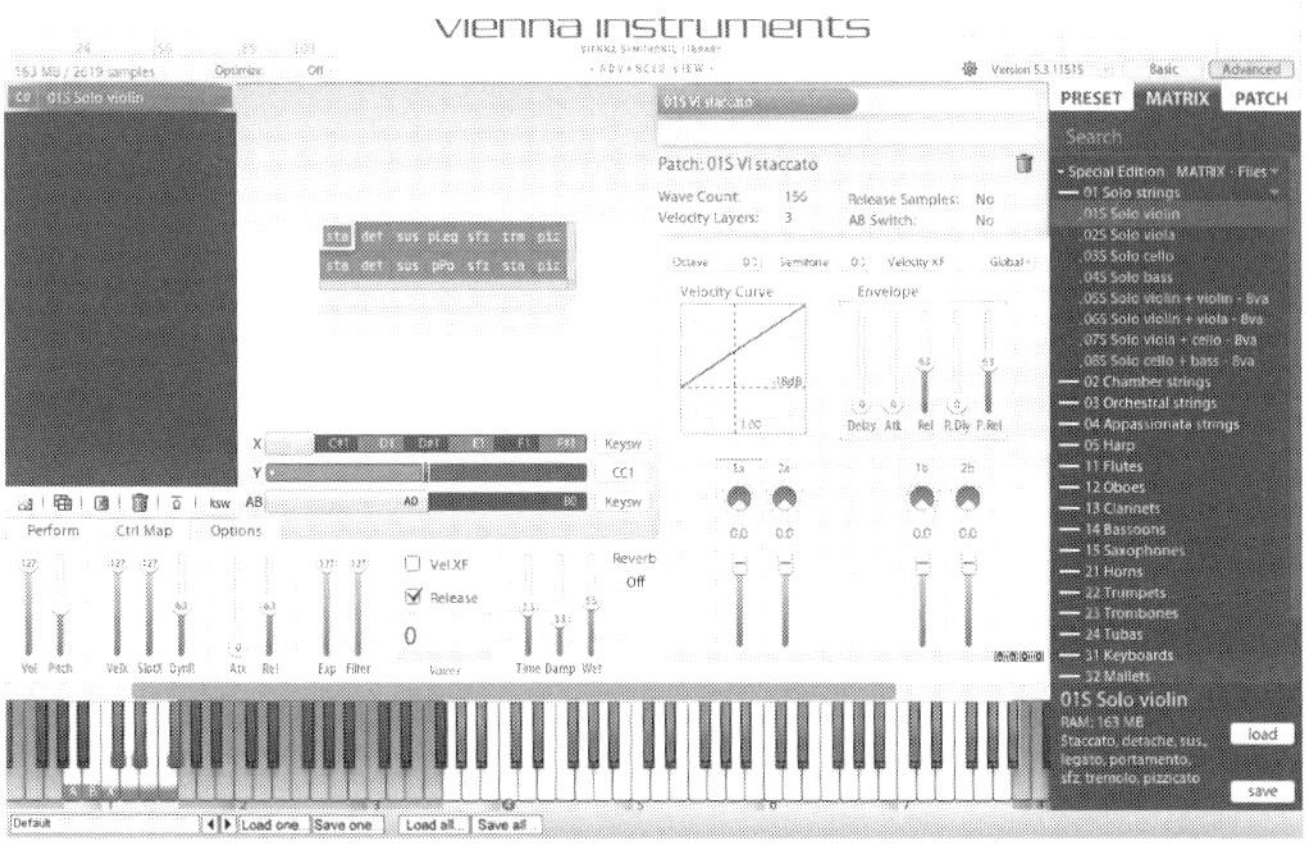

楽譜 05

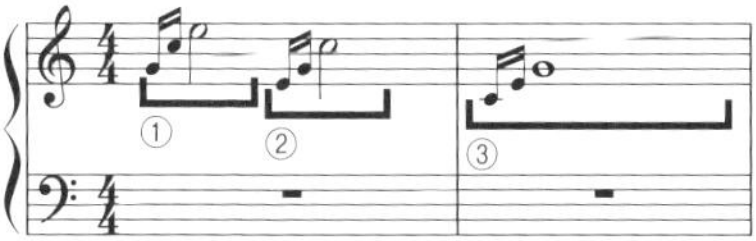

図 A

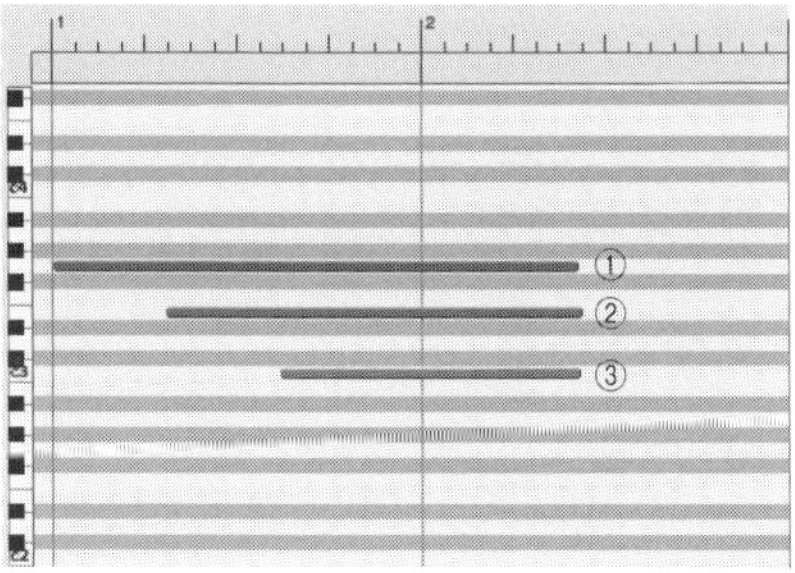

３つの音しか入力していない

プラグイン・エフェクター

ここからは、私の所有するプラグイン・エフェクターを〝よく使うもの〟〝特に説明しておきたいもの〟に絞って紹介したい。

ソフト音源同様、私も近年になってプラグイン・エフェクターを使うことが多くなった。[10]ハードウェア・エフェクターが1台あたり数万円～10万、20万……もするのに比べ、プラグイン・エフェクターは安い。しかも1つ買えば使う台数に制限はないので、[11]たとえばベースとキックそれぞれにエフェクターをかけて別々の設定をすることが可能だ。

Pulse-Tec EQs（Nomad Factory 社） イコライザー

現在、多くのメーカーが Pultec EQP-1A（ハードウェアエフェクター）をシミュレート

10 前項で書いたようにハードウェア・エフェクターも重要だが、ここでは音源同様ソフトウェアだけに絞ることにする。しかし、PCM90（Lexicon 社）というハードウェアエフェクターのリバーブは私のなかでマストアイテムだ。

11 135 ページ図を見るとわかるが、ハードウェア・エフェクターは1台につき1つのエフェクトしか設定できない。ベースとキックに別々の設定をするには、2台のハードウェア・エフェクターが必要になる。

Nomad Factory社　Pulse-Tec EQs

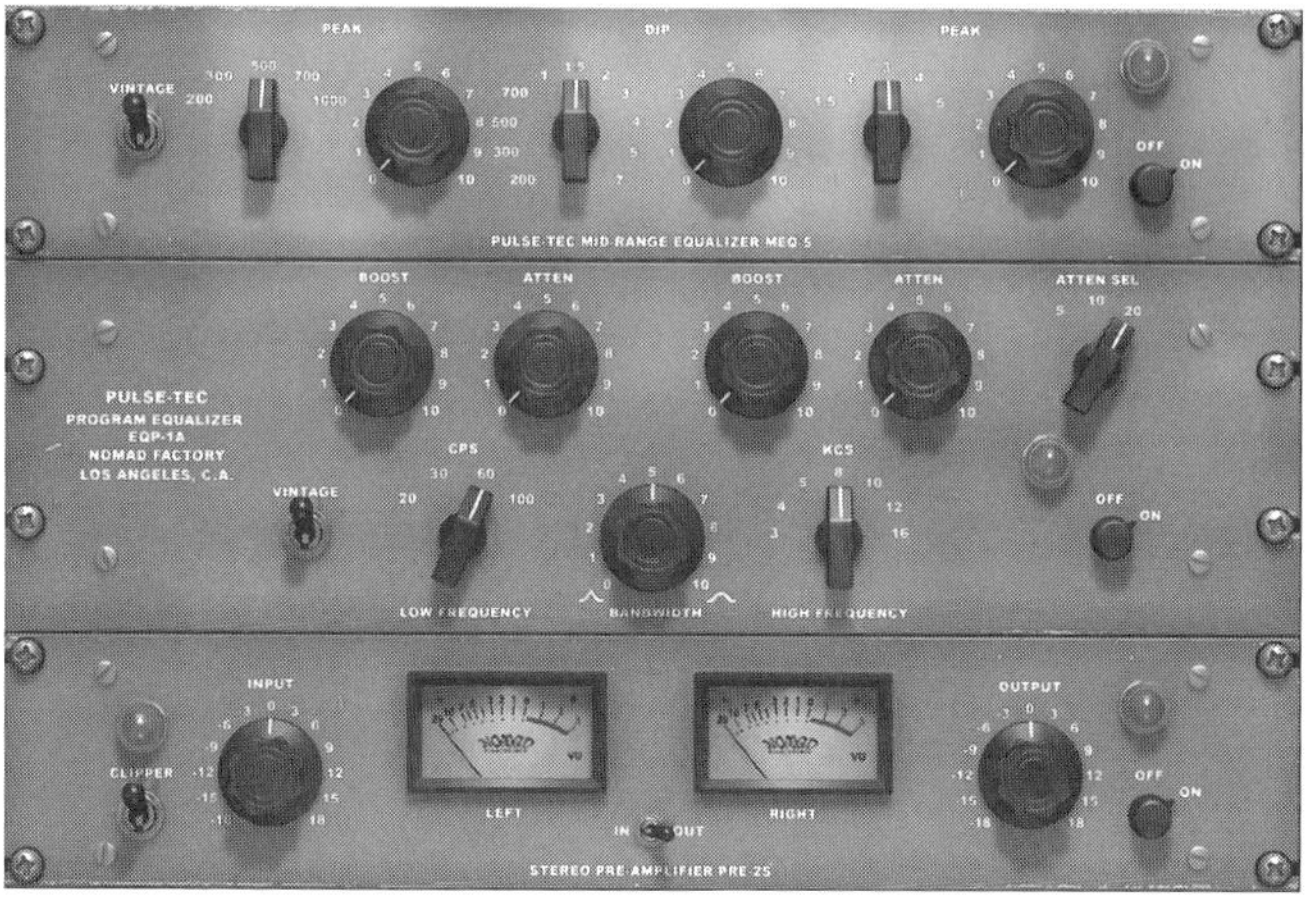

したプラグインを発売しているが、そのうちの1つがこのPulse-Tec EQs。これは私にとってPCM90に次ぐヒットとなったエフェクターだ。ほとんどのソフト音源のトラックにこれを挿している。

たとえばこんな具合だ（次ページ図A、B）。

このエフェクターがもたらす音を、本書冒頭に使った曲で確かめてもらおう。**オーディオファイル06**を聴いてほしい。**楽譜01**（17ページ）が2回続けて演奏される。ほとんど同じ音に聞こえると思うが、先に聞こえたほうがPulse-Tec EQsを使っていない音、あとで聞こえたほうが

図 A

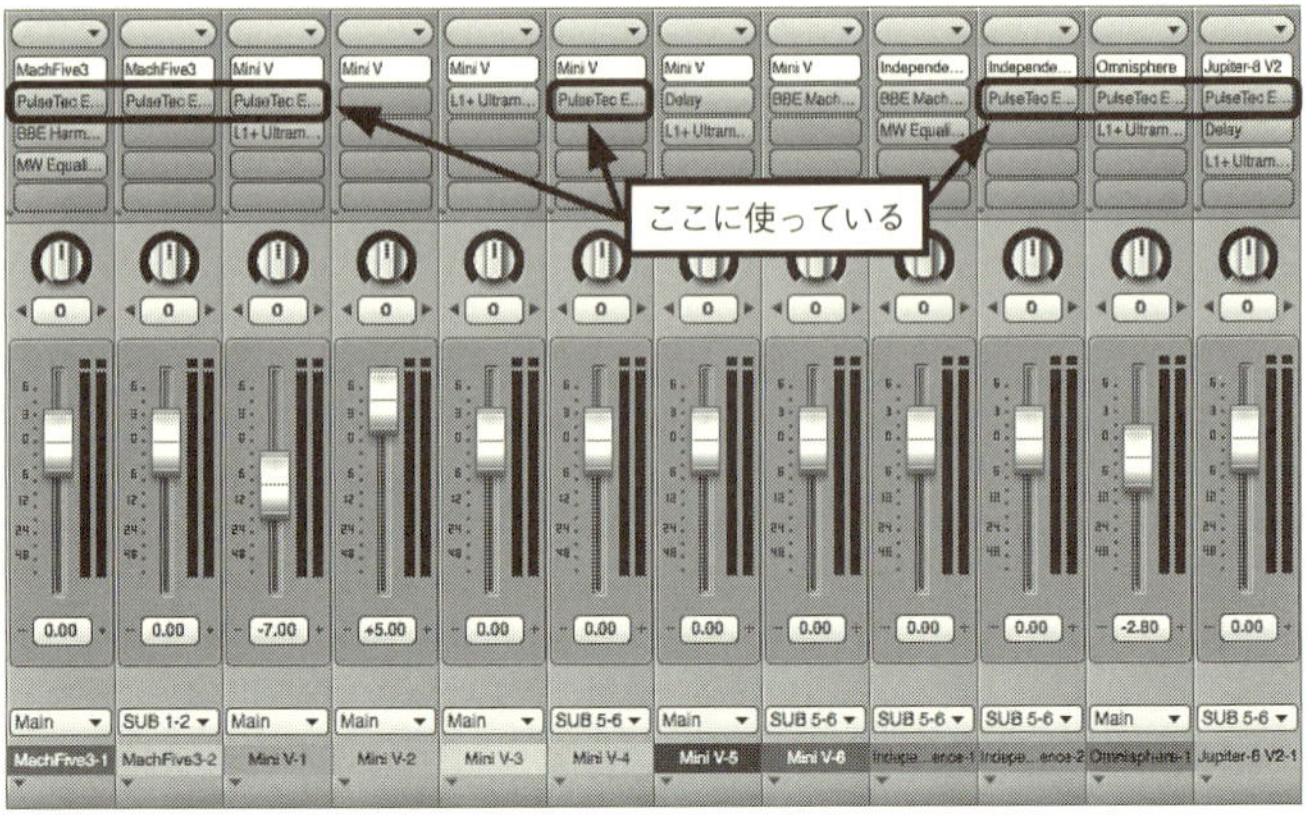
ここに使っている

これは、千葉県柏市にある商業施設に設置された噴水のための音楽を作ったときのDigitalPerformer のミキサーの画面。ソフト音源のトラックのみ表示している

図 B

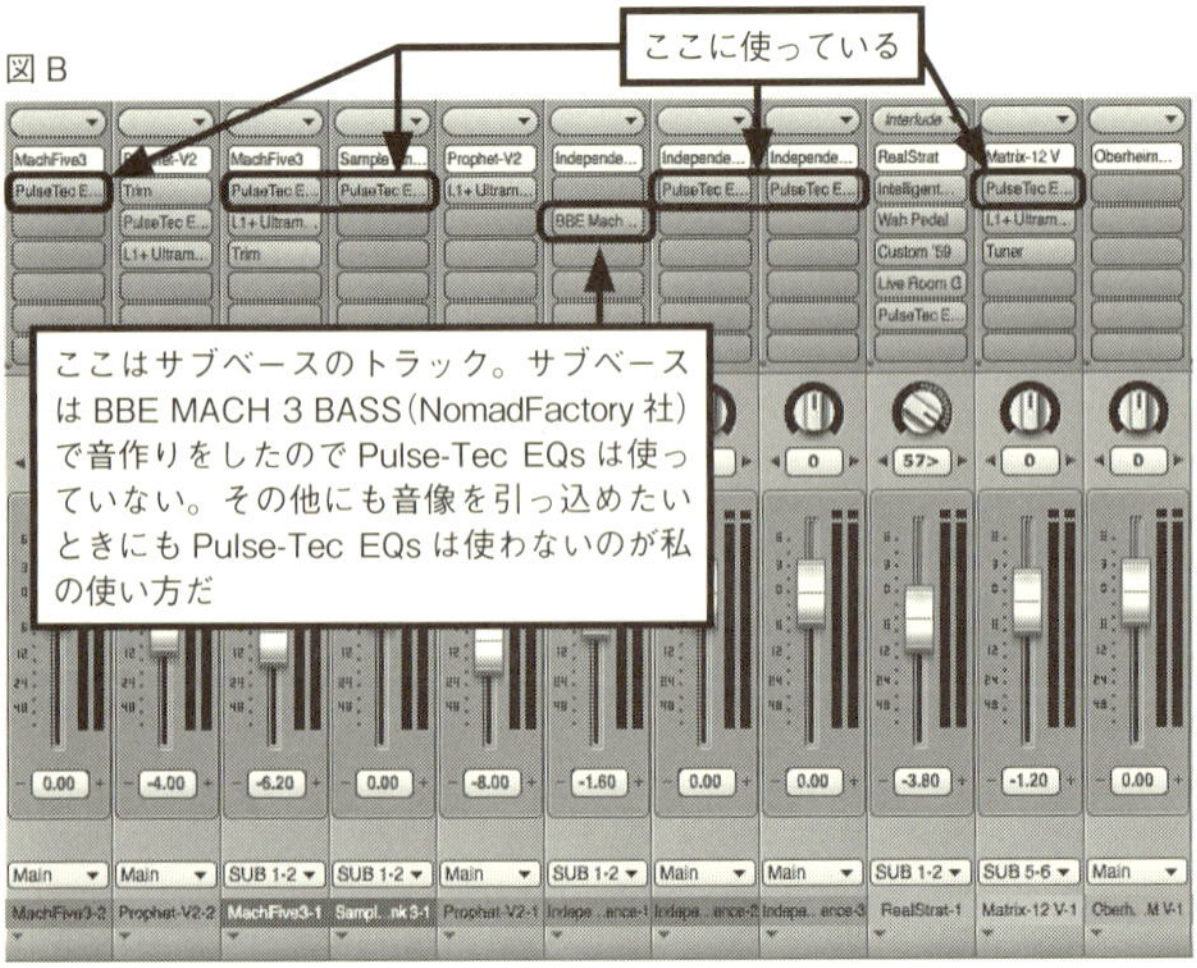
ここに使っている
ここはサブベースのトラック。サブベースは BBE MACH 3 BASS（NomadFactory 社）で音作りをしたので Pulse-Tec EQs は使っていない。その他にも音像を引っ込めたいときにも Pulse-Tec EQs は使わないのが私の使い方だ

これは、大阪府吹田市にある商業施設に設置された噴水のための音楽を作ったときのミキサー画面。ソフト音源のトラックのみ表示している

使っている音[12]。Pulse-Tec EQs 上では何も設定はしていない。ただ挿入しただけだ。

⬇ オーディオファイル 06

ほんの少しの違いだ。聴いてすぐにわかれば相当いい耳をもっていると思う。何回か聴いているうちにハーモニーの鳴り方というか、空気感というか、質感というか、的確な言葉は思いつかないが、何かが違うことがわかってくると思う。

音をよくするにはコンセントの極性をあわせたり、高価なケーブルに換えたりなども含め本書でいろいろと説明しているが、一つひとつを取ってみればこれくらいの差だ。もしかするとこれはまだ差が大きいほうかもしれない。一発で〝バシ！〟っと良い音を出すプラグインはなく、いいと思う方法を地道に積み上げていくしかない。私が書いた本に『音を大きくする本』がある。一つひとつのパートで正しく音圧を上げれば、全部の楽器をミックスしたときに相当の音圧が出せると書いたが、理屈はそれと同じ

12 Pulse-Tec EQs をかけるとボリュームが少し上がる。それが仕様なのだが、それでは比較ができない。今回、ボリュームはなるべく揃るようにしたが、音が変わるということは音量バランスも変わるので厳密な意味でボリュームを揃えることはできない。

だ。
私はPulse-Tec EQsを使った音の感触が好きだが、Pulse-Tec EQsをかけないほうが好きであればそれはそれで正解だ。どちらであっても、〝自分の好きな音〟の感覚にあわせてシンセサイザーやエフェクターを揃え、またエディットしていけば全体として作品に自分のカラーが出る。

POINT!
「マイ・フェイバリット・エフェクターをもとう」

Pulse-Tec EQsを私がよく使う理由はもう1つある。それはEQの設定を上げても上げすぎない、下げても下げすぎない設計となっていることだ。
左ページの楽譜06を見てほしい。これは先にも使ったタンバリンの楽譜だ。音源は同じくIndependenceを使って、このタンバリンの音色をもう少し明るくしたいとする。そういう場合はPulse-Tec EQsの高域側の「BOOST」を上げれば欲しい音がすぐに手

楽譜 06

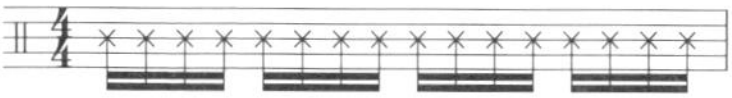

図 A

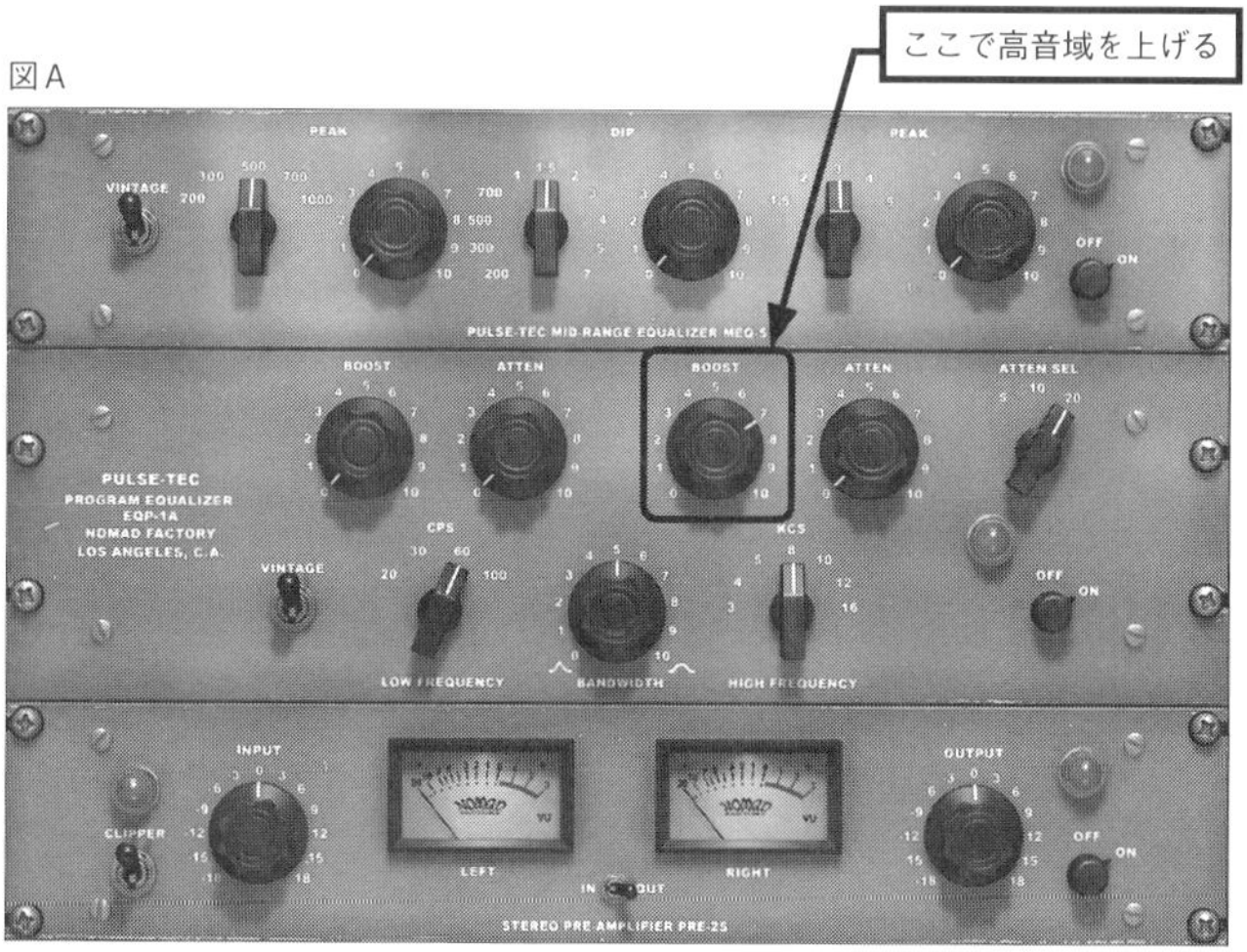

に入る。

オーディオファイル07を聴いてほしい。楽譜06が間を置いて2回演奏されるが、2回めが図Aのように Pulse-Tec EQsで高音域をもち上げたときの演奏だ。

オーディオファイル07

通常、イコライザーでこれほどつまみを上げたら、かけすぎになって音が刺激的になってしまうだろう。その点、Pulse-Tec EQsは穏やかに、それでいて欲しい音をしっかり出してくれる。もしかするとイコライザーとしては効きが悪いといえるかもしれないが、私にはとてもフィットする。このように自分が使いやすいイコライザーを見つけると制作がぐっとはかどる（第1章のサッと作るにも貢献する）。

Pulse-Tec EQsで基本的なキャラクターを作ったあとに、ノイズを軽減したり、特定の音域をスポット的に上げたり下げたり、超低音域や超高音域をカットしたり、その他さまざまに音の処理をする場合にはDigitalPerformerに付属するMASTERWAORKS EQを併用するのが私のイコライザーの基本的な使い方だ。

MASTERWAORKS EQはどの帯域を上げているか下げているか、また実際の音にどのように影響しているかが視覚的にもわかりやすい。その点、Pulse-Tec EQsはつまみの位置くらいしか視覚的情報がないが、だからといってそれがマイナスともいえない。下手に視覚的に見えてしまうよりも、音で直感的に判断できるのが、このタイプのいいところともいえる。

Pro Verb（MOTU社） リバーブ

これはコンボリュージョン・リバーブというタイプのリバーブだ。人のいないコンサートホールで〝パン〟と手を打ってその残響音を聴くと、〝このホー

MASTERWAORKS EQ

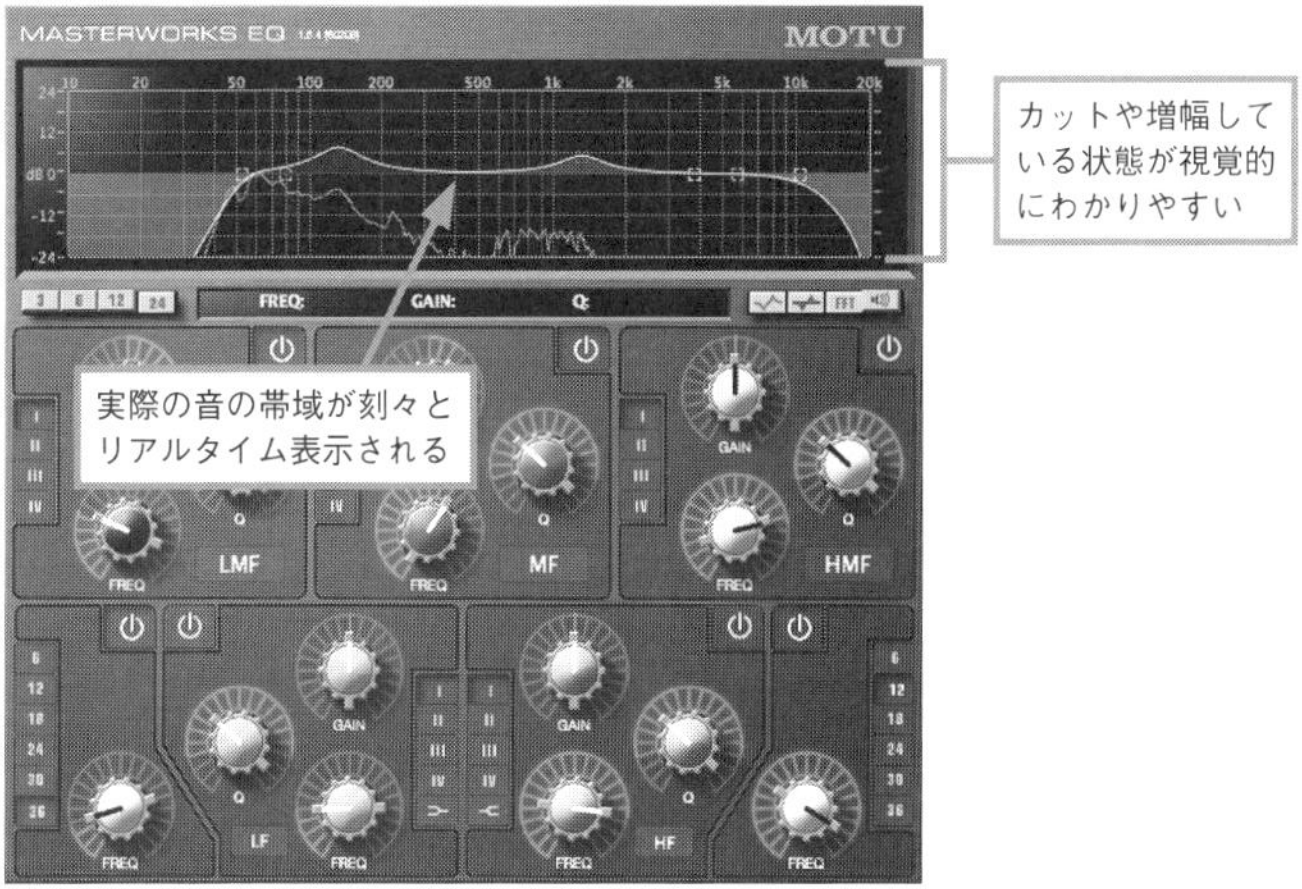

MOTU 社　Pro Verb

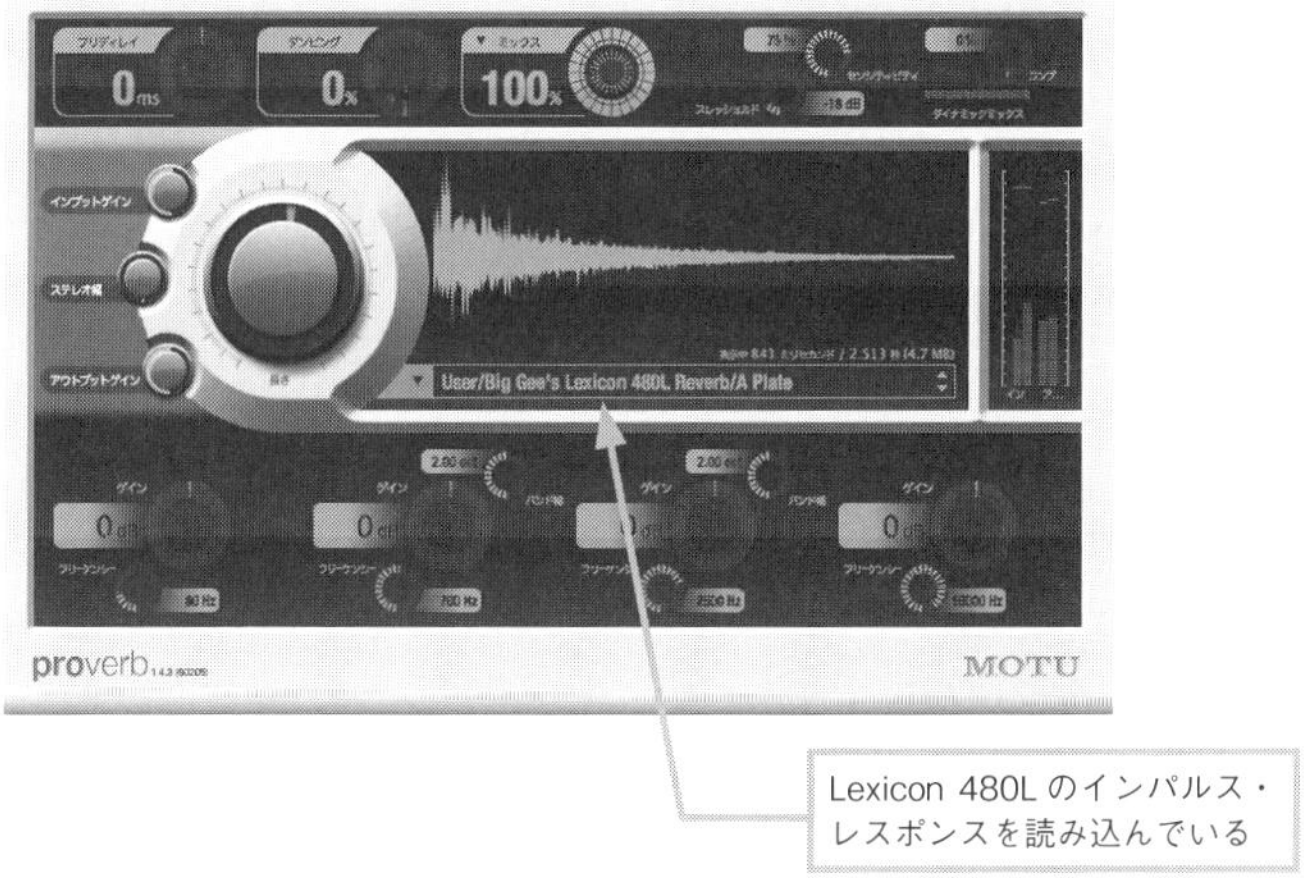

ルは残響が長い〟とか、〝高音域が多く吸収される〟とか、その空間のキャラクターがわかるが、その仕組みを利用したリバーブだ。実際の残響音（インパルス・レスポンス）を読み込んで使う。

インパルス・レスポンスはあらかじめ何種類も用意されているが、あとからライブラリーを追加することも可能だ。

世界的超定番リバーブはLexicon社の４８０Ｌだが、私はそのインパルス・レスポンスをPro Verbに読み込んで使っている。しかし、私がPro Verbを曲に使いはじめてからはまだ日が浅い。今後楽しみなエフェクターということでここにリストアップした。

また、４８０Ｌはすでに製造中止になっているが、この４８０Ｌを再現したプラグインが販売されている。まだ入手はしていないが気になる存在だ。

私はPro Verb以外にも後述するWAVES社のTrueVerbとLexicon社のＰＣＭ90を使っている。私の作る曲ではピアノと同じように、リバーブがウェイトを占めているので今後もリバーブを充実させていきたいと考えている。リバーブそれぞれにキャラクターが異なるのだ。

自分の作る曲が音圧を重視したものがメインであればコンプレッサーやリミッターを充実させていけばいいし、バンドサウンドがメインであればアンプシミュレーターやストンプシミュレーターを充実させていけばいいと思う。

いずれにしても、

POINT!

「エフェクター1つですべての曲を完成させようとしてはいけない」

曲によって選ぶということが良い音を出すためには必要となるし、そもそもこれさえあればいいと1つの場所に落ち着いてしまうようでは音の追求をやめてしまったのも同然。それではクリエイターやアーティストとはいえないだろう。

Trim（MOTU社）ゲイン

これは私のよく使うプラグインだ。とはいってもレベルを調整するだけのシンプルなもの。音質に変化はない。

POINT!

「良い音を出すためにはソースから最終的な2MIXの出口まで、各段階でそれぞれ適正なレベルであることが重要だ」

たとえば、エレキギターを自分で弾いて録音する場合、マージンが0dBに近くなるように録音するべきだが、これがたとえばピークがマイナス20dBしかないように録音してしまうと、昔のようなアナログ録音機でなくてもやはり良い音は望めない。

曲が完成するまでにはDAWソフトのなかを信号がさまざまに駆け巡ることになるが、可能な限りどの地点でもレベルは0dBに近い状態で流れていたほうがいい。それをコントロールするのがこのTrimだ。つまり、良い音を出すにはDAWソフト内の信号

ここにマージン（0dB までの余裕）
が表示される

MOTU 社　Trim

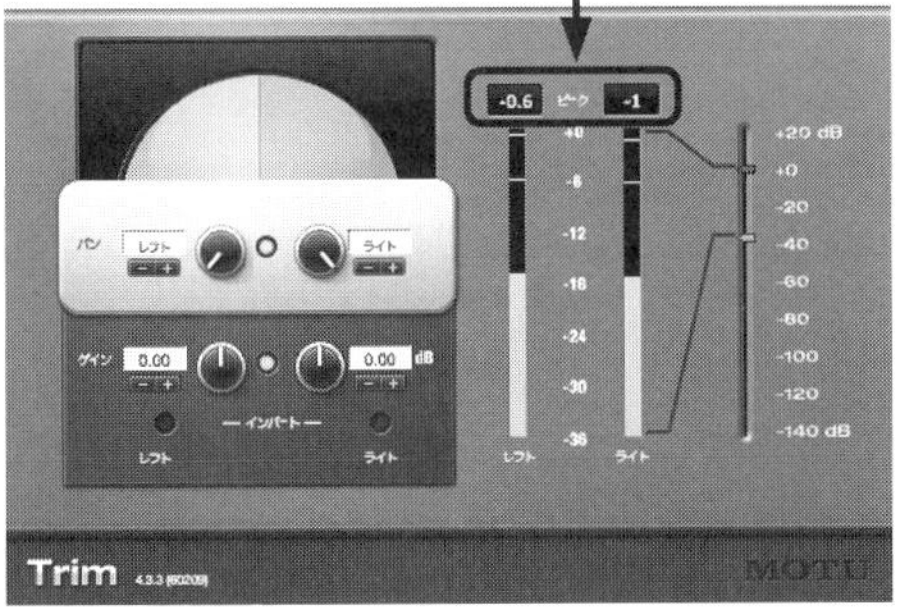

図

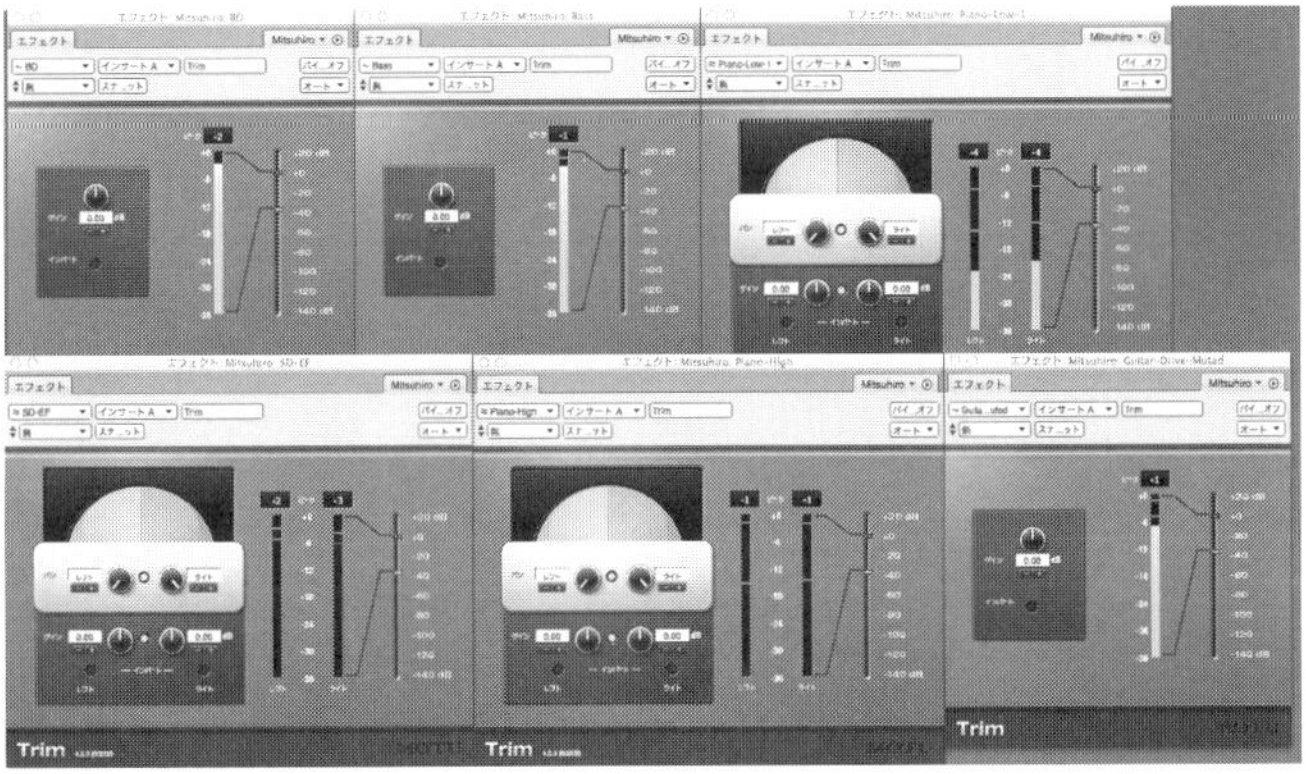

ある曲の Trim を集めた。マージンはそれまでのピーク値を表している。大体、-5dB 以内に収まれば OK だ。ここが小さすぎている場所はないかをチェック。適正なレベルで録音されたソースであればここが小さすぎることはないはず。もし、小さい信号があったら何が原因となっているかを探り、可能な限り改善する。もしここがプラスの値であれば、それ以降は歪んだ音になっているので論外だ

経路を理解するだけでなく、そこをどのぐらいのレベルの信号が流れているかに注意を払い、それをコントロールしなければならない。
ＤＡＷによっては、Trimではない表記になっていることもある。使っているＤＡＷで同様の機能をもったプラグインを積極的に使って、レベルを上手にコントロールする必要がある。

TrueVerb（WAVES社）　リバーブ

またリバーブの登場だ。ハードウェアエフェクターのＰＣＭ90を除けば私が一番よく使うリバーブだ。ＤＡＷで新規プロジェクトを立ち上げるとき、このTrueVerbをもったＡＵＸトラック[13]が自動的に読み込まれるようにしてある。

リバーブを複数台使っていることはこれまでも書いたとおりだ。それぞれにキャラクターがあるから必要に応じて使い分けるというのが本来の目的だが、リバーブを2度がけすることも珍しくはない。TrueVerbで下ごしらえをしておいてＰＣＭ90でガッツリかける、またその反対に、TrueVerbで必要なだけかけておいてＰＣＭ90でうっすらか

13 補助トラックという。センドを使ってエフェクターをかける場合、複数のトラックを1つのトラックにまとめる場合、ReWireで接続したソフトの出力を立ち上げる場合などに使う。詳しくはミキシング専門の本を読んでほしい。

WAVES 社　TrueVerb

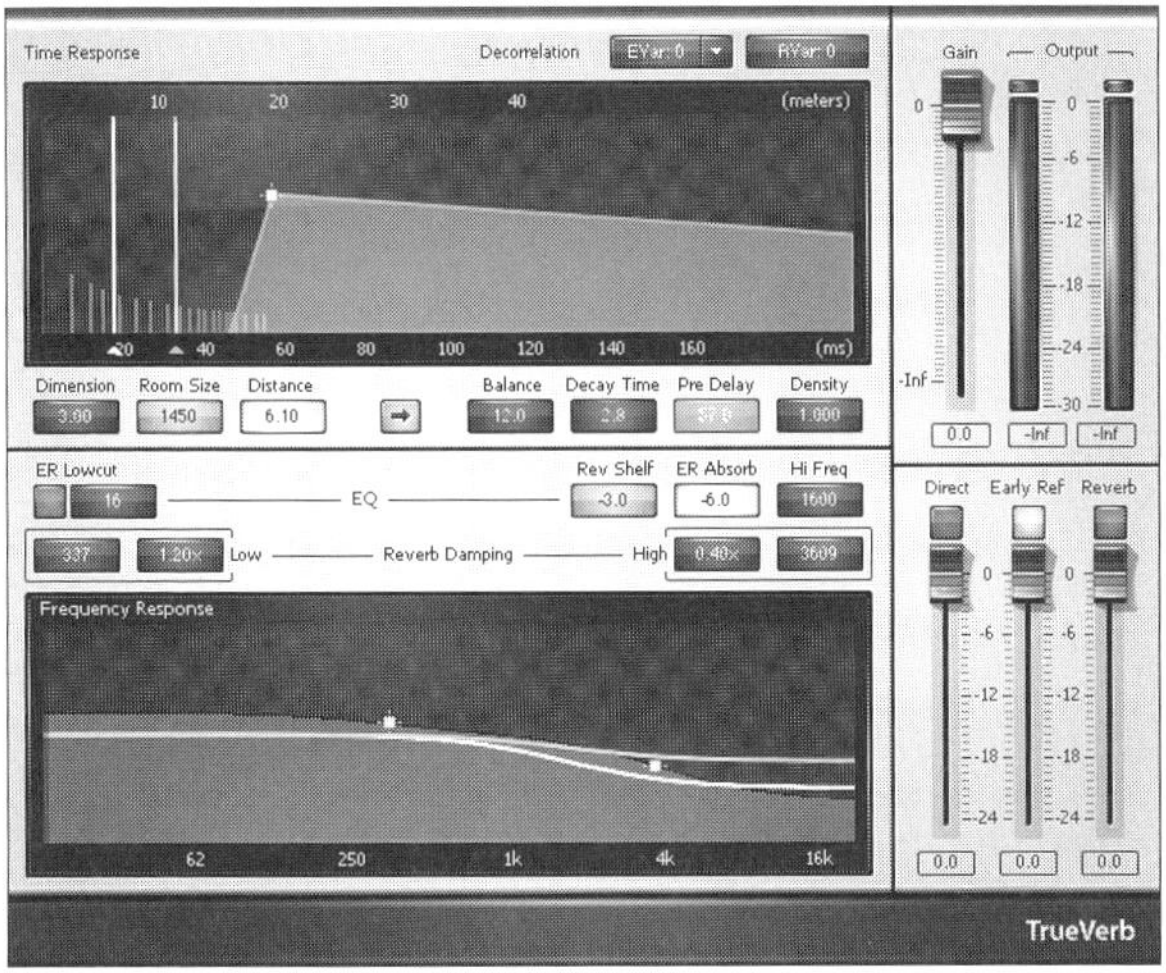

ける、どちらも私がよく使う手法だ。

このように同じ種類のエフェクターを複数台使って作品を仕上げていく重要性はリバーブに限ったことではなく、イコライザーでもコンプレッサーでも同じ。こうした使い方が結果的に、使う人の趣味やこだわりの音となって作品に現れるのであり、こだわりの音に触れたときに私たちは〝良い音だ〟と思うのだ。

また、実のところ、ある音に対して完璧なエフェクト調整ができたかどうかは定かではない。〝TrueVerb で下ごしらえをしておいてＰＣＭ90でガッツリかける〟よりも、〝TrueVerb で必要なだけかけておいてＰＣＭ90でうっすらかける〟ほうが、その音に対して実はいい調整であるかもしれない。もちろんその疑念があればそこで試してみるが、疑念を感じないまま曲をフィニッシュしてしまっているかもしれない。時間的な制約のあるプロのクリエイターたちも完璧ではなく、振り返れば反省すべきこともあるだろう。しかし良い音を作り出しているプロのクリエイターたちは常に、目の前の道具（この場合エフェクター）を自分のイメージのなかに取り込めていることは間違いない。

エフェクターをかけて〝音が変わったな〟で終わってしまっては完全に受け身となってしまっている。どんなに評判がよく音に定評のあるエフェクターでも、私たちクリエイターのイメージのほうがすばらしい。〝そうか、そういう音か……じゃあ、こうしてみたらどうだろう……そうすればイメージにひと役買ってくれるかもな……〟がプロのスタンスだ。

POINT!

「曲のイメージにエフェクターを引き込んでゆくスタンスをもとう」

大規模システム導入のススメ

ここまでソフトウェア音源とプラグインエフェクターを見てきた。いずれも実機を導入するより費用をおさえられるし、さまざまな設定をＤＡＷファイルといっしょに保存できることはとてもありがたい。しかし、これらがもたらすのは便利さであって、本物を真似たものであることを忘れてはいけない。

左の写真を見ていただこう。いわずと知れたマーシャルアンプだ。ジミー・ペイジやリッチー・ブラックモアなど超有名ロック・ギタリストが使っているアンプで、ギターアンプの王様といえるだろう。

マーシャルアンプ

ここから出力されるギターサウンドの圧力感は体感した人でなければわからない。それを知っていれば、パソコン1台で作るときにもそのサウンドを再現すべく音調整ができる。

しかし、そのギターサウンドを、アーティストの完成した曲でしか知らない、しかもイヤフォンばかりで聞いていたら、本物の音を知らないので良い音がわからない。〝高音を上げたいときは「Treble」を、低音を下げたいときはBassのつまみを調整する〟というような操作方法がわかっても、目的とするもの、出したい音のイメージがなければ音調整はできない。

つまり、本物の音を知っている人にとっては、〝大規模なシステムもパソコン1台にスッキリ収まってしまう。これからはクールな環境での制作が主流になる〟は正しいが、本物の音を知らない人がこれを鵜呑みにすると、制作はそのうちに頭打ちになってしまうと私は考えている。

日ごろイヤフォンだけで音楽を聴いていて、生の演奏を聴きに行くことがなければ本物の音を聴いたことがないわけで、そうであればパソコンのシミュレーションの世界のなかだけでしか音をイメージすることができない。この条件に該当してしまった人は、

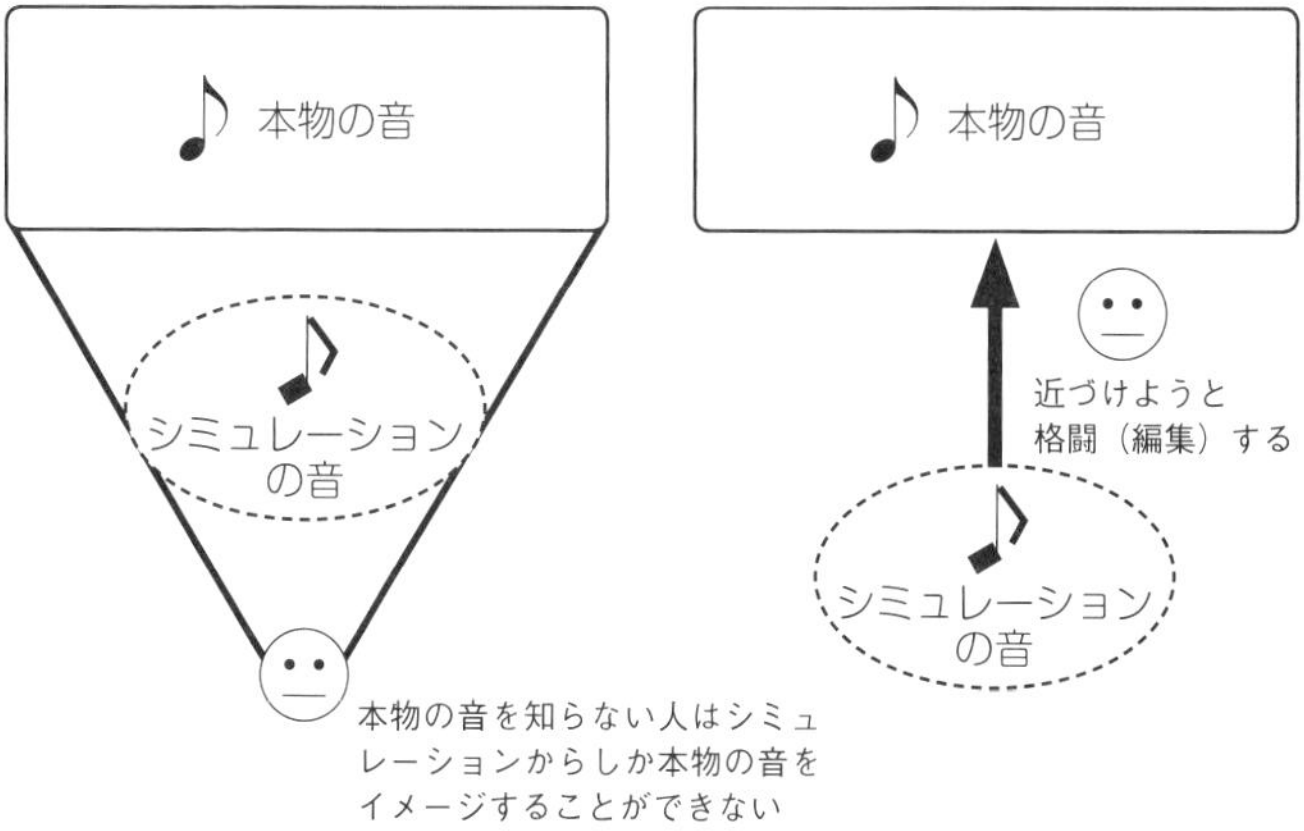
本物の音
シミュレーションの音
本物の音を知らない人はシミュレーションからしか本物の音をイメージすることができない
本物の音
近づけようと格闘（編集）する
シミュレーションの音

それを抜け出さないことには良い音は出せない。

その証拠に、ＤＴＭ初心者〜中級者の方々の作品を聴いたときに、良いサウンドを出している人にはバンド経験者や、機材をいろいろともっていたりする人が多い。バンドをやっていると自分の担当楽器はもちろんのこと、それ以外の楽器の音も間近で聴く機会が多いので、音の感触をいつの間にか体得しているのだろう。

現在第一線で活躍している人たちの多くは、本物の音を知っている世代だ。同じソフト音源を使っていても音に違いが出る原因の1つは、ここにもあると思う。

もちろんバンドをやらなければ良い音を出せないというわけではなく、興味の対象を外へも向けるべきだということだ。そういったことから、実際の音に触れる機会が少ない人はシンセサイザーの実機に触れたほうがいいし、ハードウェア・エフェクターも知ってほしい。また、ライブへ行ったときなどにはバンドのメンバーが何を使ってどんな音を出しているかにまで注意を向ければ、今自分に足りないアイテム、必要なアイテムを発見できるだろう。そしてそれが自分の音楽にあった機材を充実させることにつながっていく。ご自身の作品がギターを中心としたものであれば、本物のギターを買うことも検討すべきだ。

POINT!

「楽器本来の音を知ろう」

そこで、次ページのA、B、2つのシステムを比べてほしい。良い音を求めようとした結果としてAのように次第にシステムが大きくなっていくと思うが、その違いは単純に機材の数の違いだけではない。理屈抜きでAのほうが良い音が出そうだということは誰しもが思うだろう。Aの環境で制作するのと、Bの環境で制作するのとではクリエイターの意識というか、イマジネーションというか、やる気というか、そういうものも違ってくるに違いない。新たにものを創造するというときには、こういった感覚的なことも重要であると思う。

そこで次に、システムの作り方についてミキサーを中心に基本的なことを書いておこう。最近の高性能なパソコン＋ＤＡＷを使って音楽制作をはじめた方は、ミキサーの役割について知らないことも多いようなので、ここでミキサーのことも知っていただきたい。

システム A
ベース
ギター
アンプ
アンプ
PC ディスプレイ
スピーカー
スピーカー
キーボード
シンセサイザーA
シンセサイザーB
エフェクター・ラック

システムB

ミキサーを中心としたシステム例

私がシンセサイザーを使って作品を作りはじめた数十年前、ミキサー※の導入は必須だった。基本接続は左ページ図のようになる。

※DAWのミキサーではなく、実機のミキサー。

これでわかるように、シンセサイザーを2台以上もっていたらミキサーがなければ音をミックスして聞くことができない。ミキサーはシステムの中核をなす存在だ。

シンセサイザーが増えればミキサーのチャンネルもそれだけ必要となるので、導入にあたっては、音源が増えることに備えてチャンネルに余裕をもたせたいところだ。しかし最初のうちは少ないチャンネルでもしっかりとしたメーカーのものを選んで、足りなくなってきたらミキサーをグレードアップするようにしていくという方法もあるだろう。ちなみに私は8チャンネル入力のミキサーを使ってしばらくは制作をしていたが、そのあと16チャンネル入力のミキサーを導入。今は32チャンネル入力のミキサーを使って、古いシンセサイザーからの音やソフト音源のからの音をミックスしている。

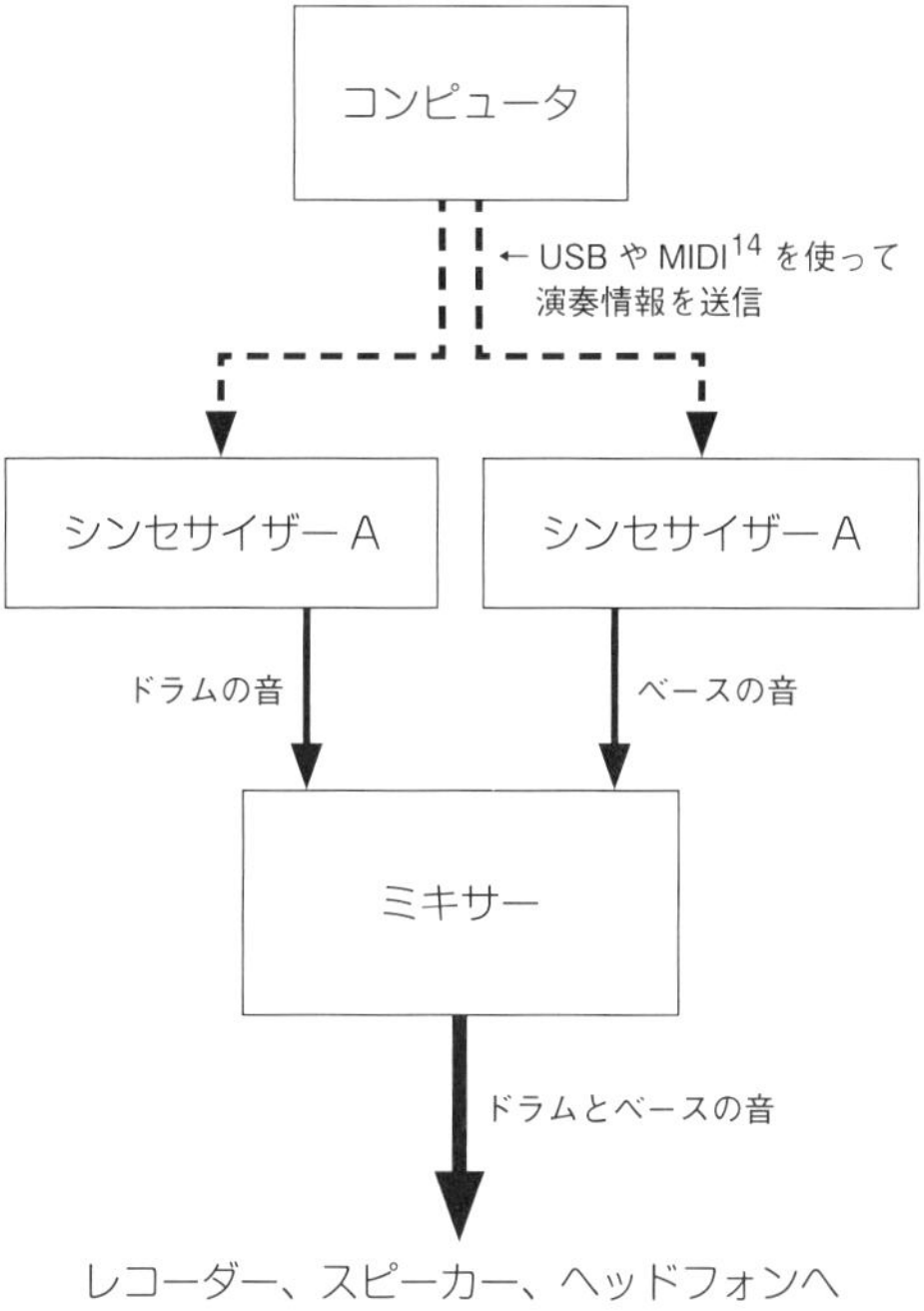

14 Musical Instrument Digital Interface の略。
MIDI ケーブル使ってコンピュータとシンセサイザーをつなぐ。ただし、コンピュータには MIDI 端子がないため、MIDI インターフェースが必須となる。

POINT!

「機材1台1台に個別のキャラクターがある」

古い機材であってもそれが出す音は他の機材では出すことができない。壊れてしまえば仕方ないが、それまでは私にとっては貴重な宝だ。

一方、ミキサーがおこなえるのは複数台のシンセサイザーの音をミックスするだけではない。外部エフェクターをシステムに組み込むこともできる。接続方法は左ページ図のとおり。

プラグイン・エフェクターはいろいろ使っていると思う。音楽作りをはじめたばかりの方のなかには知らない方もいるかもしれないが、エフェクターはもともとこのように接続されていたのだ[15]（これを知っているとＤＡＷのミキサー画面での音の経路もわかる）。

15 外部エフェクター、あるいはハードウェア・エフェクターともいうが、それはプラグイン・エフェクターが登場したあとのことであって、以前は単に“エフェクター”と呼んでいた。

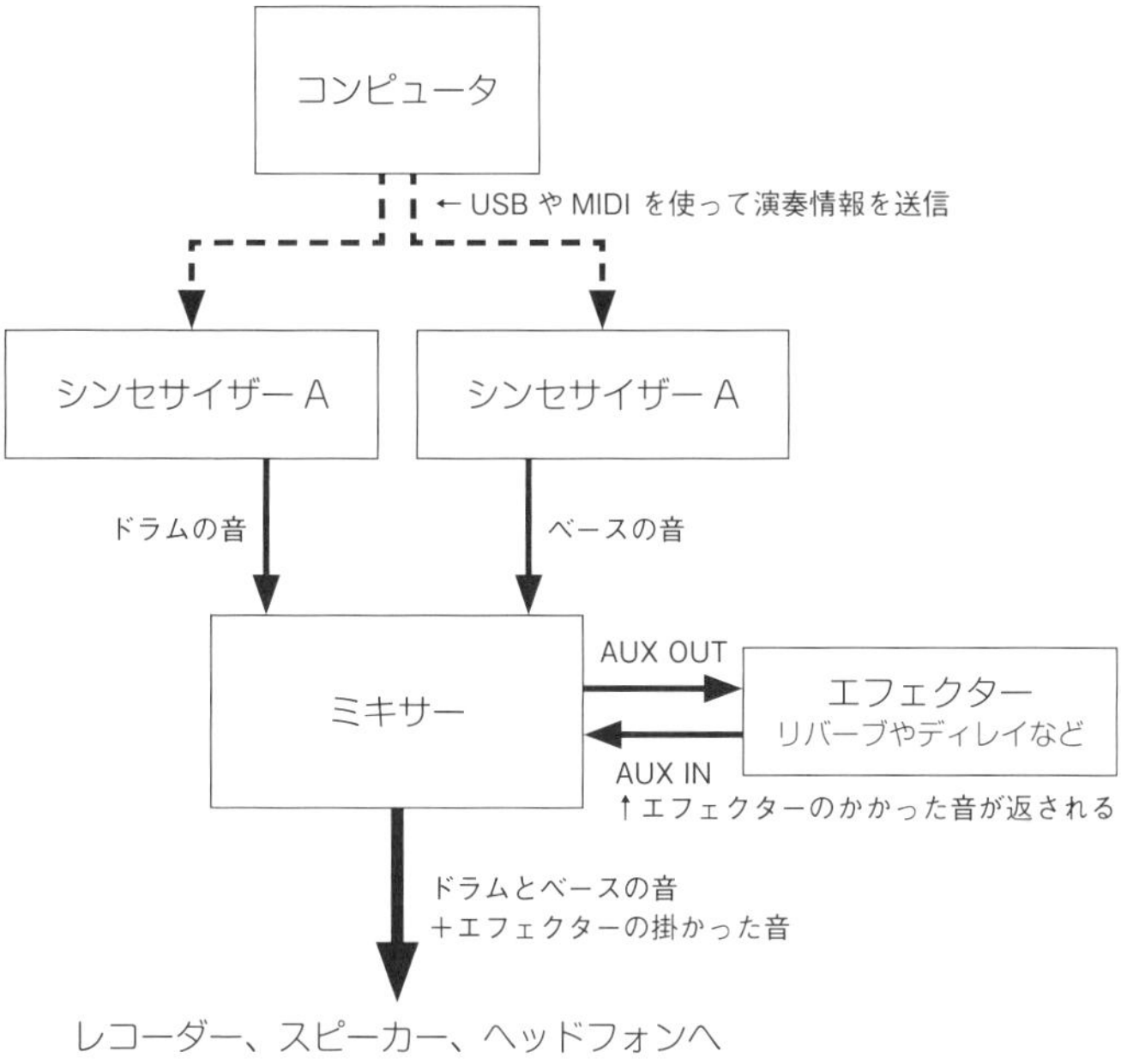
コンピュータ
← USB や MIDI を使って演奏情報を送信
シンセサイザー A
シンセサイザー A
ドラムの音
ベースの音
ミキサー
AUX OUT
エフェクター
リバーブやディレイなど
AUX IN
↑エフェクターのかかった音が返される
ドラムとベースの音
＋エフェクターの掛かった音
レコーダー、スピーカー、ヘッドフォンへ

エフェクターもシンセサイザーと同じように、それでしか出せない音というものがある。私は、もっているエフェクターのなかでも１６６（dbx社）というコンプレッサーと、ＰＣＭ90（Lexicon社）のリバーブをよく使う。１６６はコンプレッサー臭さがしっかりと出るエフェクター。がっつりした音が欲しいときによく使う。ＰＣＭ90はとても滑らかで自然なリバーブが得られるエフェクター。私が作るようなリラクセーション系の曲には欠かせないエフェクターだ。

COLUMN

Lexicon リバーブ

本文でLexicon社のリバーブについて多く触れているので、どんな音がするのか聴いてみたいと思ったことだろう。

コンボリュージョンタイプのリバーブとLexicon社のインパルスレスポンスライブラリがあれば、実機と同じとはいかないまでも、同社の持つリバーブのキャラクターを実感できる。お持ちのDAWがLogicなら付属の［SpaceDesigner］が、DigitalPerformerなら付属の［ProVerb］がコンボリュージョンタイプのリバーブだ。その他のDAWの場合はご自身で付属のリバーブを調べてみてほしい。

コンボリュージョンタイプのリバーブをもっていない場合でも、フリーで使えるコンボリュージョンリバーブがあるのでそれをインストールすればいい。"plugin reverb convolution free"などの言葉で検索すれば、いくつかヒットすると思う。肝心のライブラリだが、"reverb impulse response lexicon"などの言葉で検索してみてほしい。

※ソフトのインストールは各自の責任のもとにおこなってください。

第3章

良　い　音　の　追　求

～弘法筆を選ばず

第1章冒頭で絶対的に良い音というのはないと書いた。一方で、第2章で見てきたように基本的にパフォーマンスの高い音源というものも存在する。ということは、音は使い方次第で良くも悪くもなるが、多くの人が〝この音は良い〟と感じる音の傾向というものもまた存在するということになる。この章では、後者のほうの〝音が良い〟について私見を書いてみたい。

1 良い音って何？

巻頭カラー写真3と4を見比べてほしい。

自宅近くの太陽が燦々《さんさん》と降り注ぐ夏の日の公園の写真だ。どちらがきれいかと聞かれれば、多くの人が3と答えると思う。4のほうが粗く見える。4は3と何が違うから粗く見えるかというと、❹のほうが解像度が低いからだ。

　このことをもう少し詳しく見てみよう。

写真❸と❹の中央、同じ箇所をそれぞれ拡大したのが写真❺、❻だ。写真❻は□が並んでいることが見えてしまっている。写真❺も実は□が並んでいるのだが、こちらは一つひとつの□が小さいので見えない。

　この□は画像を表現する最小単位で、この□が1インチにいくつ含まれるかを表すのが「解像度」だ。写真❸は❹より同じ範囲をより小さなたくさんの□で表している、つまり解像度が高い。そういうわけで❹よりも❸のほうが本物に近くきれいに見えるのだ。

　テレビの地上アナログ放送は2011年に終了し、地上デジタル放送へと切り替わった。アナログのテレビ放送を液晶画面で見ていたときは、それまで□が640×480（30万7200）個集まって表示されていたが、デジタル化をきっかけに1920×1080（207万3600）個と□が飛躍的に増えて画質が向上した。AとBの違いもそれと同じだ。

写真3.jpg	今日 13:34	14.7 MB
写真4.jpg	今日 13:28	2.7 MB

またこの違いは、写真ファイルのデータ量の違いとなっても表れている。上図はパソコンで見た2つの写真のデータだ。写真3は14・7MB、4は2・7MB。4は3の約5分の1しかないことがわかる。

この写真は私が撮ったものだ。暑い夏の日、太陽がまぶしく輝く公園に惹かれてシャッターを押した。その美しさはその場でしか味わうことはできない。何かの方法で自然のデータ量を数字で表すことができるのかどうか私は知らないが、もしそんな方法があったとしても、自然のデータ量は計りしれないだろう。それを写真に撮ったとき、データ量は大きく失われる。それでも目の粗いBに比べればAのほうが失われたデータは少ない。つまりデータ量が多い分、より本物に近くなることから3のほうがきれいに見えるのだと思う。

ここで話を音に戻そう。解像度という言葉から、音でいえばビットレートやサンプリング周波数[1]のことを思い浮かべたかもしれない。もちろんそれも音を左右する。第2章のピアノ音源でいえば、S2000時代のピアノより、今の

1 音を録音（サンプリング）するときのきめ細かさをビットレート、サンプリング周波数で表す。

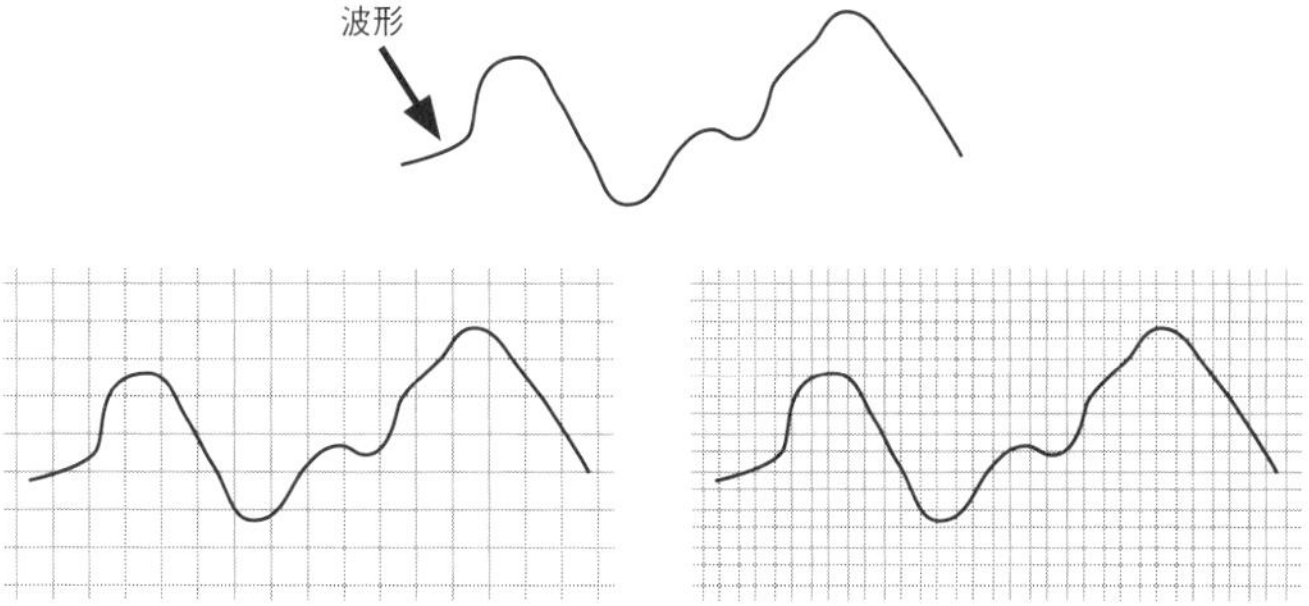

低いレート、サンプリング周波数はこの格子のイメージ

高いレート、サンプリング周波数はこの格子のイメージ

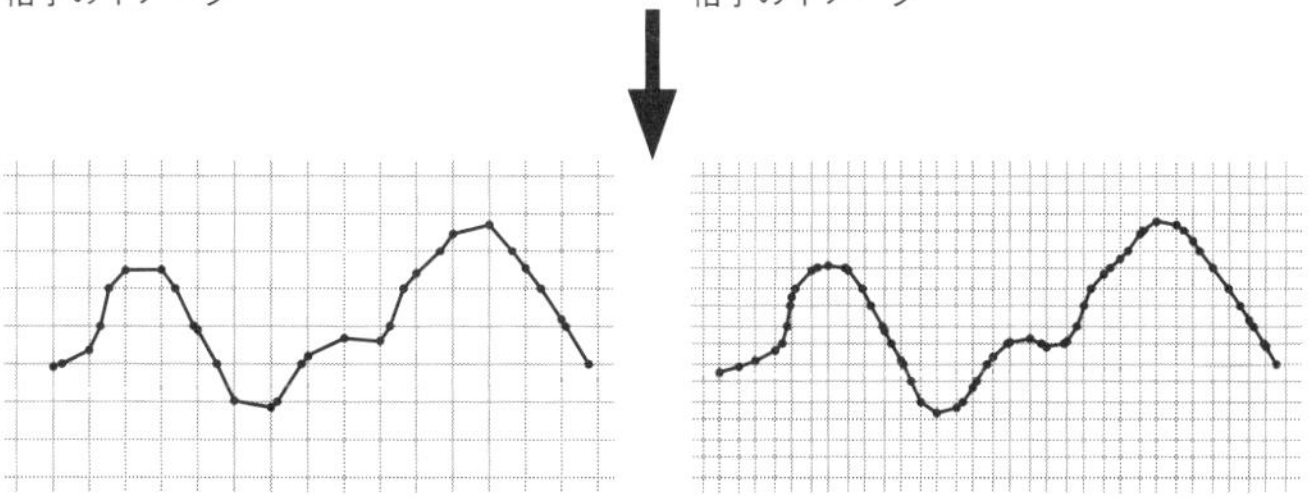

縦線と横線の交点の数が多いほどデータ量が多いことになる。右のほうがきめが細かいので情報量が多くなり波形の再現性がよくなる

ソフト音源のほうが高い数値でサンプリングされている。

　上図を見るとわかるように高い数値でサンプリングされていれば情報量は確かに増える。しかし、その音質の差はすぐに聴き分けられるようなものでもない。それはS2000の時代も、すでに十分な高音質設計だったからだ。そういったことより、第2章のピアノ音源の変遷で見てきたように、全鍵盤をサンプリングするようになったこと、録音時間が長くなったこと、ペダル・ノイズを再現するようになったこと、同じ音でも異なるサンプル音を切り換えながら使うようになったことなど、さまざまなことのほうが音源の高音質化（データ量の増大）を導いている。

写真がそうであるように、データ量が音の良さに関係しているらしいことが見えてきたと思うが、私が本章で書きたいのは、録音時間を長くできるようになったなどのメーカーの努力の物語ではない。私たちクリエイターはどのようにすればデータ量を多くすることができる（＝音を良くできる）かだ。

それは、音源のデータ量増大の歴史がどこへ向かった結果であるかを考えればいい。

それは、

POINT!

「同じ音は2度繰り返さない」

本章で書きたいことは、この言葉1つに尽きる。

これを実際の音符入力で考える前にもう1つ、巻頭の風景写真（カラー写真7）を見ていただきたい。永観堂（京都市左京区）の入り口付近（総門というらしい）にある見事な紅葉だ。真っ赤に染まった葉がすばらしい。

〝真っ赤に染まった葉〟とひと括りに書いたが、葉を拡大した写真を見てみよう（巻頭カラー写真8）。

1枚1枚の葉を見れば赤でもいろいろな濃さがあることがわかる。赤以外の色も混ざっている。中央より少し上の葉は黄色かオレンジ色が混ざっていて葉脈がくっきり見える。葉の形も同じものはなく、中央より少し上の左の葉は内側に少し丸まっているようだ。中央には同じくらいの大きさの葉が3枚見えるが、この3枚にしてもまったく同じではない。

海の青も、空の青も、森の緑も一様ではない。海岸線も、雲の形も、山の稜線もコンパスや定規やスタンプで押したようにはできていない。自然はそうやってできている。自然がそのようにできているから私たちはそれを美しいと感じるのだと思う。もし、1

イラストA

イラストB

枚1枚の葉がRGBコード〝ff0000〟の赤一色で塗られていたり、すべての葉が同じ大きさ、同じ形でできていたら、しかもそれらがすべて規則正しく並んでいたら、紅葉に今のような美しさは感じないだろうということは、容易に想像できる。次の2つのイラストでそれを確認しよう。

イラストAは見方によってはクールにまとまっていて、きれいといえなくもない。しかし、葉っぱがいろいろな向き、大きさ、形で並んでいる**図B**のほうには本物の大自然には遠く及ばずとも、自然な美しさを感じることができるだろう。

イラストAより**イラストB**のほうが自然界がそうであるように複雑にできている。この本のために用意した**イラストA**は1分足らずでできたが、**B**のほうは10分くらいかかった。

このように、見た目にも、実際のデータ量という点でも**イラストB**のほうがより自然に近いということができるだろう。

イラストC

大きさしか変わっていない

これを音に当てはめて考えてみよう。イラストAとBの葉っぱをハイハットやベースの8分音符として見ればすぐにわかるのは、ベタ打ちはダメということだが、本書を読んでいる方ならこれはすでにクリアしているだろう。

ここでしっかりと書いておきたいのは、ベタ打ちはベロシティだけを指しているわけではないということ。ベロシティだけでは、葉っぱの例でいえばイラストCのような状態だ。

POINT!

「ベロシティ以外の長さ、音色、タイミングについてもベタ打ちを回避すれば作品はより音楽的となり、音質感も確実に向上する」

2

音源を実際の楽器と考えれば見えてくる

POINT!

「人間による演奏ではどうなっているかを想像しながら入力する」

上の楽譜をベースで演奏したときのことを考えながら、ベロシティ、長さ、音色の各変化による演奏の違いを実際に聴いてほしい（タイミングについては、168ページで解説する）。

まずは、この楽譜をベタ打ちしたときの演奏を聴いてみよう。**オーディオファイル08**だ。作品のなかでこういうベースが聞こえたら、それだけでその曲のクオリティが知れてしまう。

楽譜 08

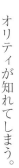

↓ ♪オーディオファイル 08

※音源にはIndependenceを使い、そのなかの「Fng J-Bass 1 BIG Switch」という音色をそのまま使った。エフェクターは一切使っていない。

一方、**オーディオファイル** 09 はベタ打ちではなく、後述するような手を加えた演奏だ。これならOKだ。

↓ ♪オーディオファイル 09

では、**オーディオファイル** 09 はどのようにベロシティ、長さ、音色の3つの要素に変化を加えたかを見ていこう。

まず、ベタ打ちの**オーディオファイル** 08 をピアノロール画面で見てみよう。8個の音が規則正しく並んでいる。ベロシティはすべて100。音の長さはすべて240ティック（次ページ図A）。

一方、**オーディオファイル** 09 のピアノロール画面は151ページ図Bのとおりだ。

図A

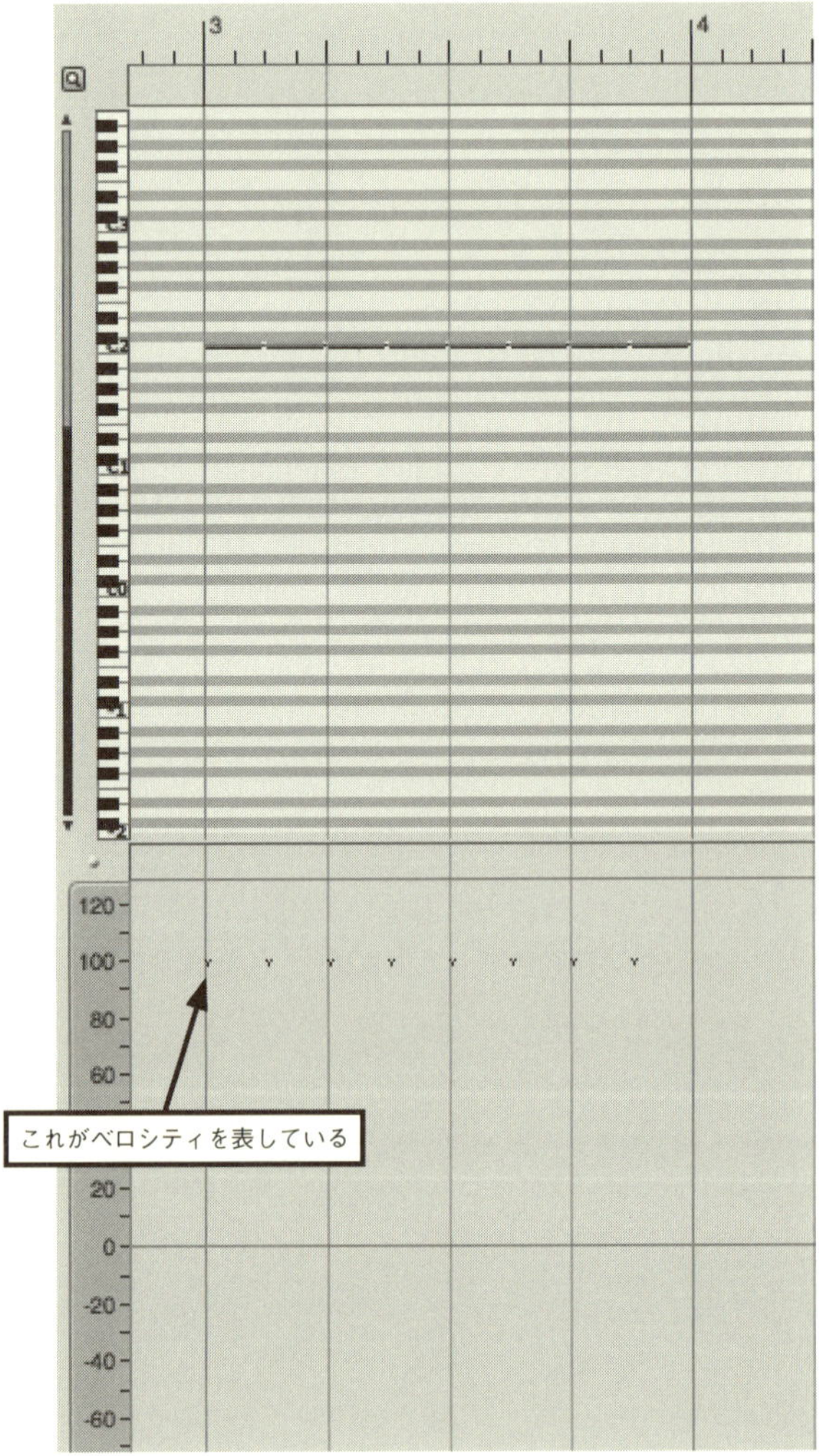

図B

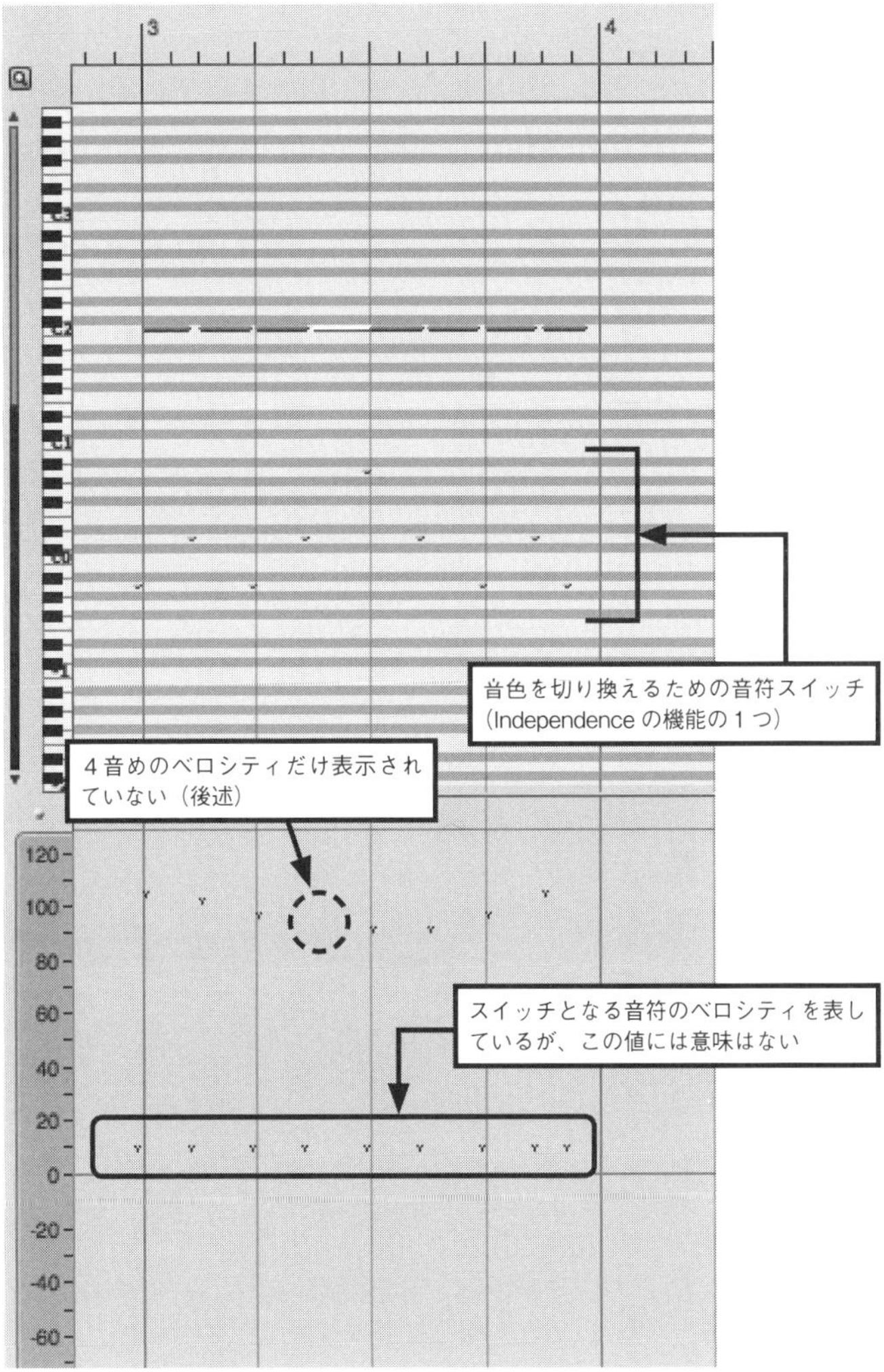
3
4
C3
C2
C1
C0
C-1
120
100
80
60
40
20
0
-20
-40
-60
音色を切り換えるための音符スイッチ（Independence の機能の１つ）
４音めのベロシティだけ表示されていない（後述）
スイッチとなる音符のベロシティを表しているが、この値には意味はない

図C

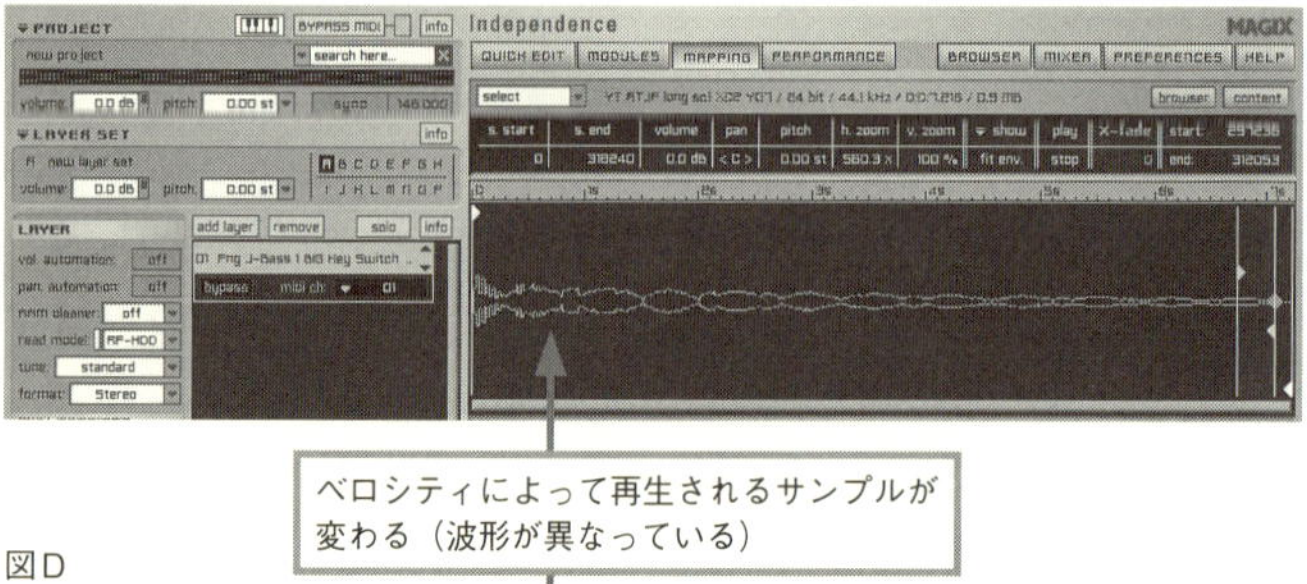

図D

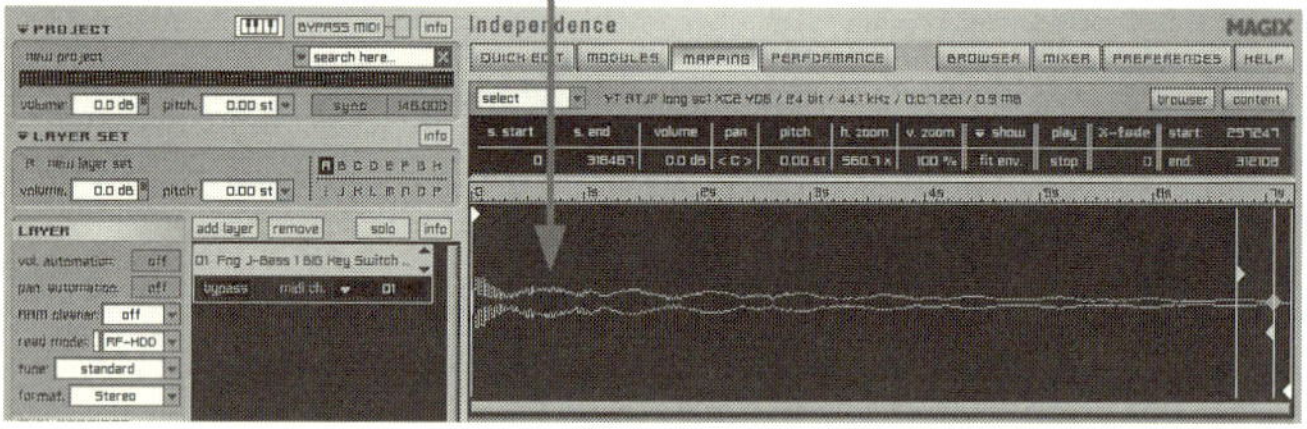

前ページの図Bは、図Aとはかなり違っている。これを見てわかるのは、まず、ベロシティ値が変化していることと音の長さが不揃いなこと。生身の人間が演奏したらまったく同じ強さ、長さで演奏することなどできるはずがなく、それをシミュレートしている。

Independenceではベロシティが変わると音量だけなく、再生されるサンプルも変わるように作られている。上の図CとDを見てほしい。図Cはベロシティが96～111のときにプレイバックされる音の波形を、図Dはベロシティが80～95のときにプレイバックされる音の波形を表している。

図B-2

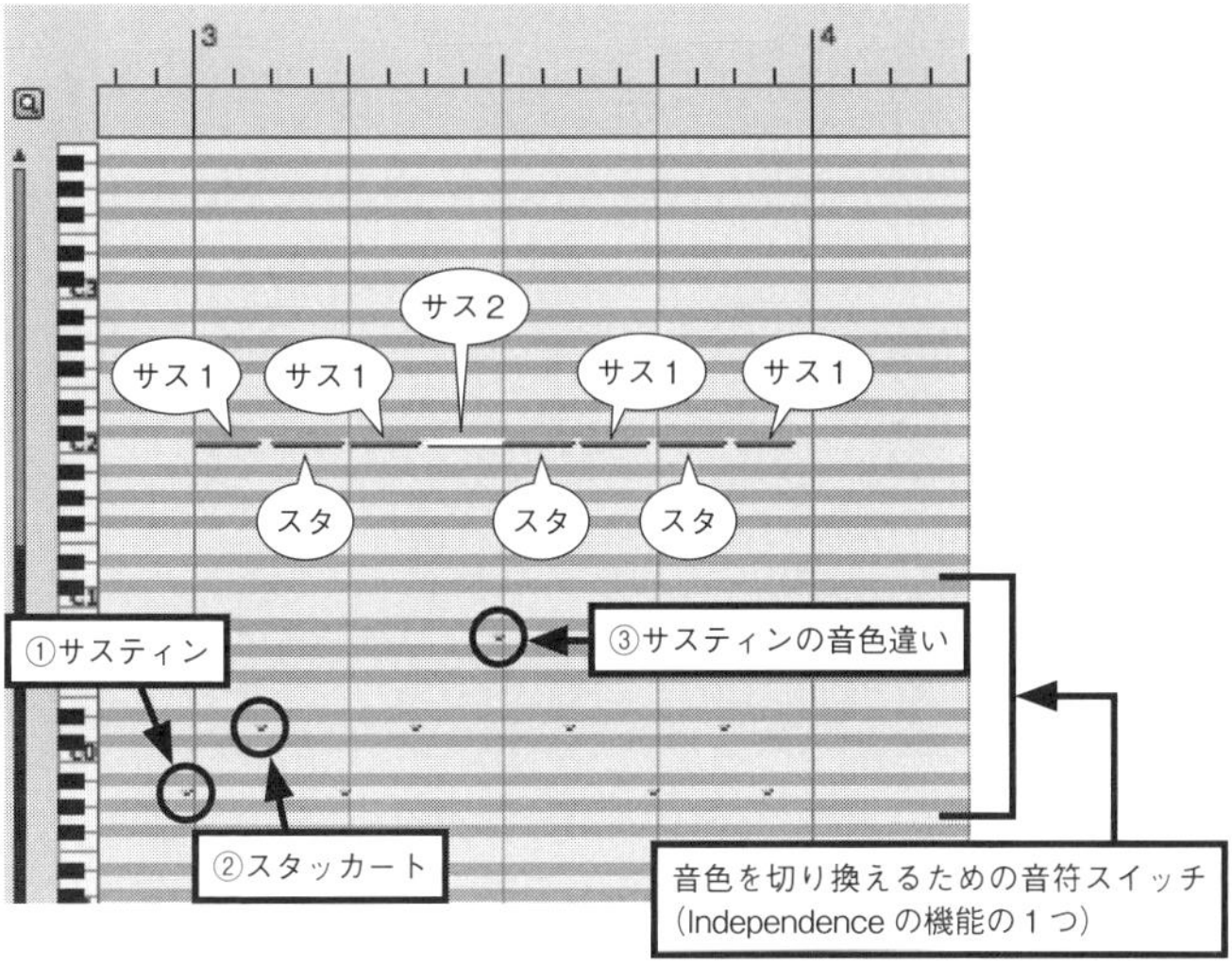

しかし今回は、もっと積極的に音色に変化を加えた。

図をよく見ると、音符スイッチによって音源を頻繁に切り換えているのがわかる。使用した音色プログラムでは、①のスイッチが入ったときにはサスティン音（サス）、②のスイッチが入ったときにはスタッカート音（スタ）、③のスイッチが入ったときにはピックを強めに当てた感じのサスティン音（サス2）が演奏されるようになっている（図B-2）。

こうして見ると、基本的にサスティンとスタッカートが交互に演奏されていることがわかる。スタッカートはサ

スティンとは違うサンプルを使っているので、奏法を切り換えることによって音色に大きな変化を生むのだ。※

※スタッカートといってもテンポが速いので、サスティンと変わらない長さで聞こえる。

音色の切り換えを不規則にしないで交互にしたことにも理由がある。8分音符刻みのフレーズでは心理的に強弱強弱……（反対もあり）と演奏することが多いのだが、2つの音色を交互に演奏すればちょうどそれをシミュレートすることにもなる。また、そのなかにおいてもベロシティは常に変化しているので、たとえば1音めと3音めとは同じサスティン音だが、ベロシティ値が異なるのでまったく同じ音にはなっていない。つまり、同じ音は繰り返さないようになっているのだ。

オーディオファイル09ではもう1つ工夫したことがある。前ページ図ではわかりにくいかもしれないが、**オーディオファイル**09では4つめの1音だけを別に立ち上げた音源で演奏している。これまでの図で、4つめの音だけベロシティ値が表示されていないのはそのためだ。※

※DigitalPerformerでは、一度に任意の1つのトラックしかベロシティ値を表示できない。

つまり、2つの音源を使っているわけだが、仮にそれぞれをⓐ、ⓑとすると、各音源は次ページ図のように演奏している。

「2つの音源」と書いたが、ⓐとⓑは実はどちらも同じ音色を選んでいる。同じ音色を使うのなら、なぜ別々に音源を立ち上げているのか。それは次ページ図で表示されている、4つめの音のベロシティにヒントがある。

この音色に限らず、全般的にベロシティ値が120を超えると、かなりブライトな音色になる傾向がある（音源がそのようにプログラミングされている）。ここでそのブライトな音色が欲しかったのだが、そのまま演奏させたのでは音量が出すぎてしまう。そこでボリュームを下げた音源をもう1つ立ち上げ、ブライトな音色をさりげなくフレーズに混ぜようとしたのだ。

生身の演奏では強さ、長さ以外に、ピックを当てる角度が微妙に違う。それは生身の人間だからというだけではなく、たとえいつも同じ位置でピッキングしたとしても、相手は振動している弦なので、同じ位置ではピッキングすることができない、つまり音色は必ず変わる。それをシミュレートしたかったのだ。150ページ、ベタ打ちの図Aから図Bへおこなってきた一連の編集は、まさしく146ページのイラストAの葉っぱの並びからBの葉っぱの並びへの変化と同じだ。

音源ⓐ

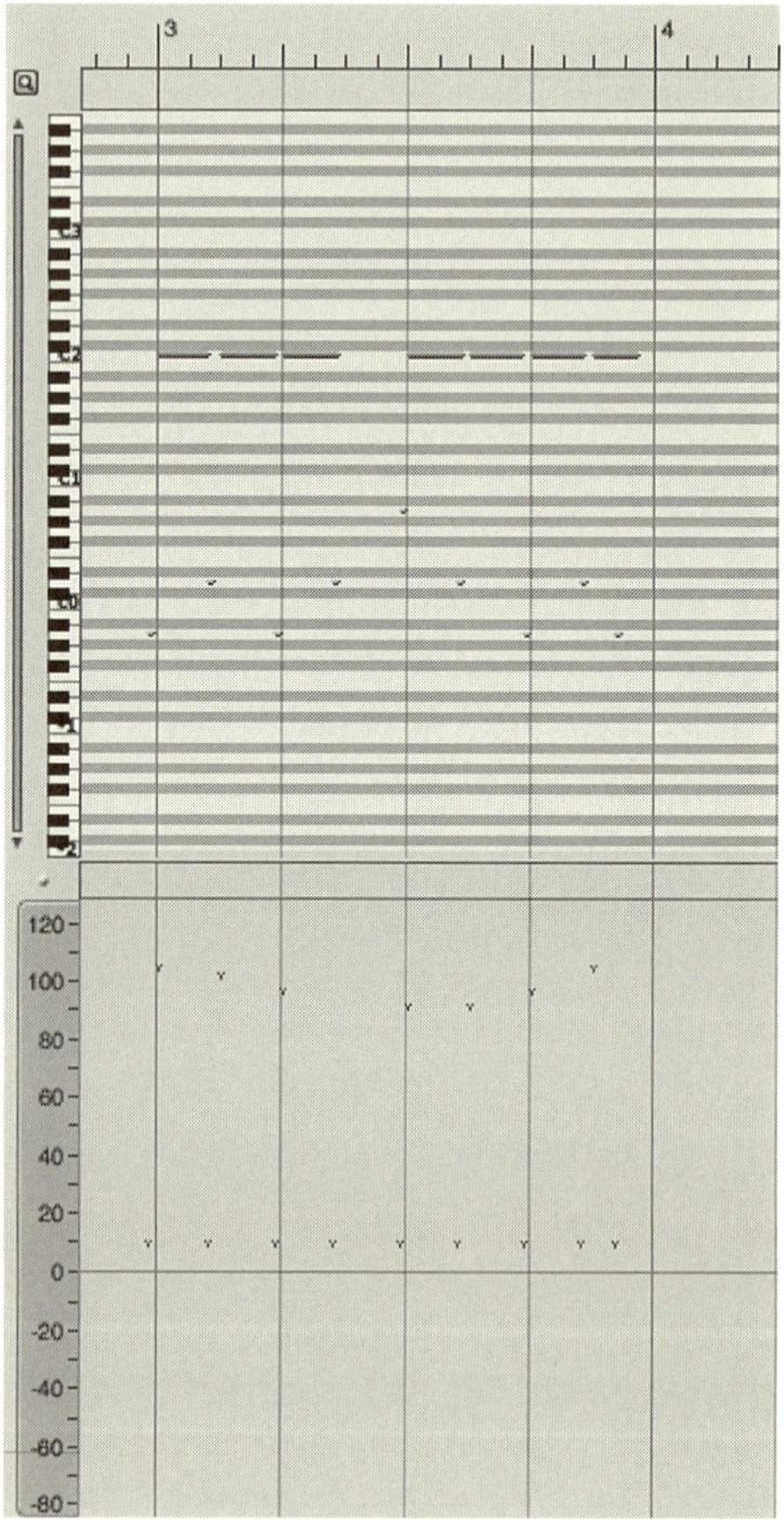

2つのピアノロールを重ねて表示してたのがこれまでの図だ

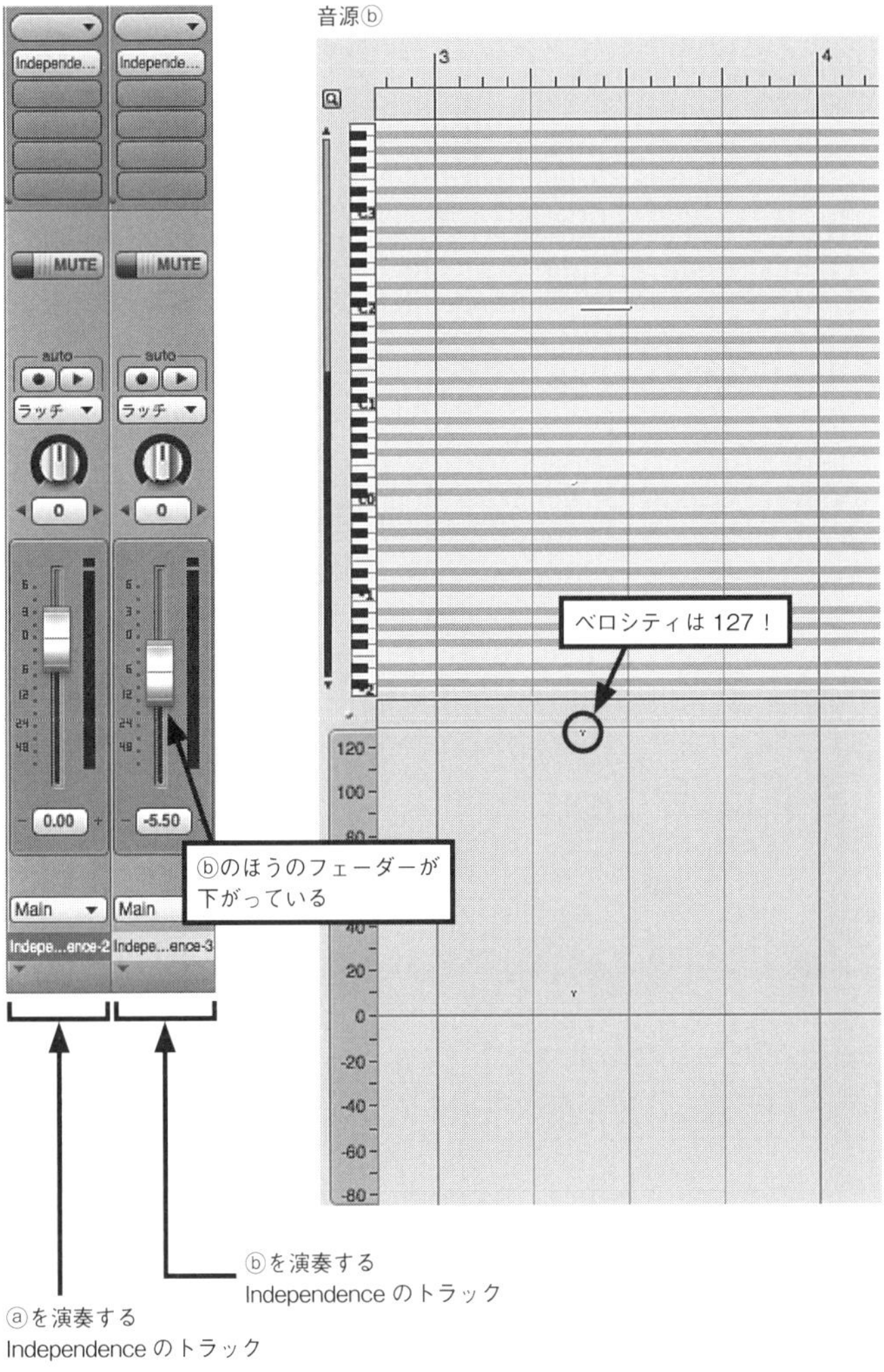
音源ⓑ
ベロシティは 127！
ⓑのほうのフェーダーが
下がっている
MUTE
auto
ラッチ
0.00
-5.50
Main
Indepe...ence-2
Indepe...ence-3
ⓑを演奏する
Independence のトラック
ⓐを演奏する
Independence のトラック

〝同じ音を繰り返さない〟を、ベースを例に見てきたが、他の楽器でも同じように作り上げればいい。

たとえばスネアではどうすれば同じ音を繰り返さずにすむだろうか。ベロシティを微妙に変えるのはもちろんだが、ベロシティ以外に変えることができるのは？

スネアのイラストを見ながら考えてみよう。

スネアドラム

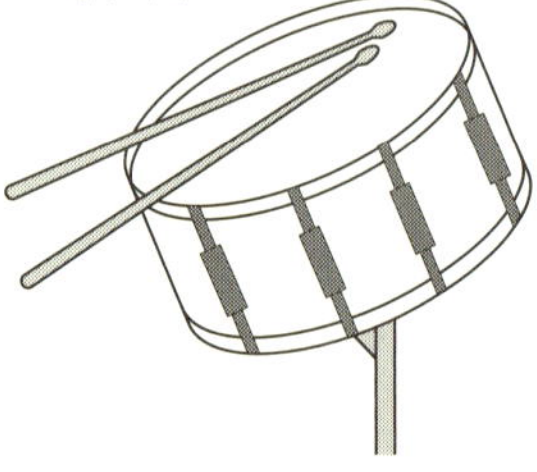

スネアは打面の位置が変わると音が変わる。打面の中心あたりを叩くと深い感じの音が出るのに対して、イラストのように縁《ふち》に近いほうを叩くと甲高い音がする。もちろん中心か外側かの2択ではなく、中心付近でもさまざまに音は変わる。ドラマーは自分の出したい音が出る場所を狙《ねら》って叩く。叩くリズムのなかで意図的に場所を変えることもあるし、たとえば中心を狙ったとしても少しの揺れくらいあるものだ。ピアノで同じ強さで弾こうとしても、生身の人間はまったく同じ強さで弾くことができないのとちょうど同じだ。

これを再現する機能が音源に備わっていたらベロシティとあわせて利用してドラム

パートを作れば、よりよいサウンドを得ることができる。私はドラム専用音源をもっていない。私の曲にはドラムが入る曲はあまりないからだが、必要なときはオールインワン型音源のなかから使っている。その音源のなかには打面の位置をコントロールできる音源はないようだ。[2] 果たして、ドラム専用音源にはそういった機能がついているのだろうか。もし、音源にそういった機能が備わっていなければ、そしてスネアに曲のウェイトがかかっているならば、自分で工夫してそういう音を出せばいい。たとえばイコライザーやピッチを調整すれば若干ながらもシミュレートできるのではないだろうか。

実はここにも良い音を出すための重要なヒントがある。

POINT!

「音源の機能に頼らない自由な発想力が武器となる」

2 フリーソフトのなかには、打面の〝中央〟〝少し外側〟〝外側〟の3つを出せる音源もある。ドラム専用音源は、256段階のベロシティに対応していたり、複数のサンプルをランダムに発音したりという機能が自《おの》ずと打面の位置変化を再現しているようだ。

先にも書いたように、音源の機能より私たちのイマジネーションのほうが優れている。音源を見下ろすようでなければならない。

POINT!

「『機能がないから出せない』と諦めた人には、良い音は降りてこない」

3 楽器別・入力のポイント

〝同じ音は2度繰り返さない〟を私は制作のなかでどのように実践しているか、代表的なものを楽器別に紹介しよう。もちろんこれ以外にも〝こんなこともできる！〟というアイデアが浮かんだら、どんどん実践すべきだ。

ギターやベース

グリッサンドやチョーキングなど、ギター特有の奏法は音源が機能としてそれらを提供していることがあるが、そればかりを使っていると同じニュアンスの音が繰り返されてしまう。そこで私は音源の機能を使いつつ、ピッチベンドでの入力を併用している。

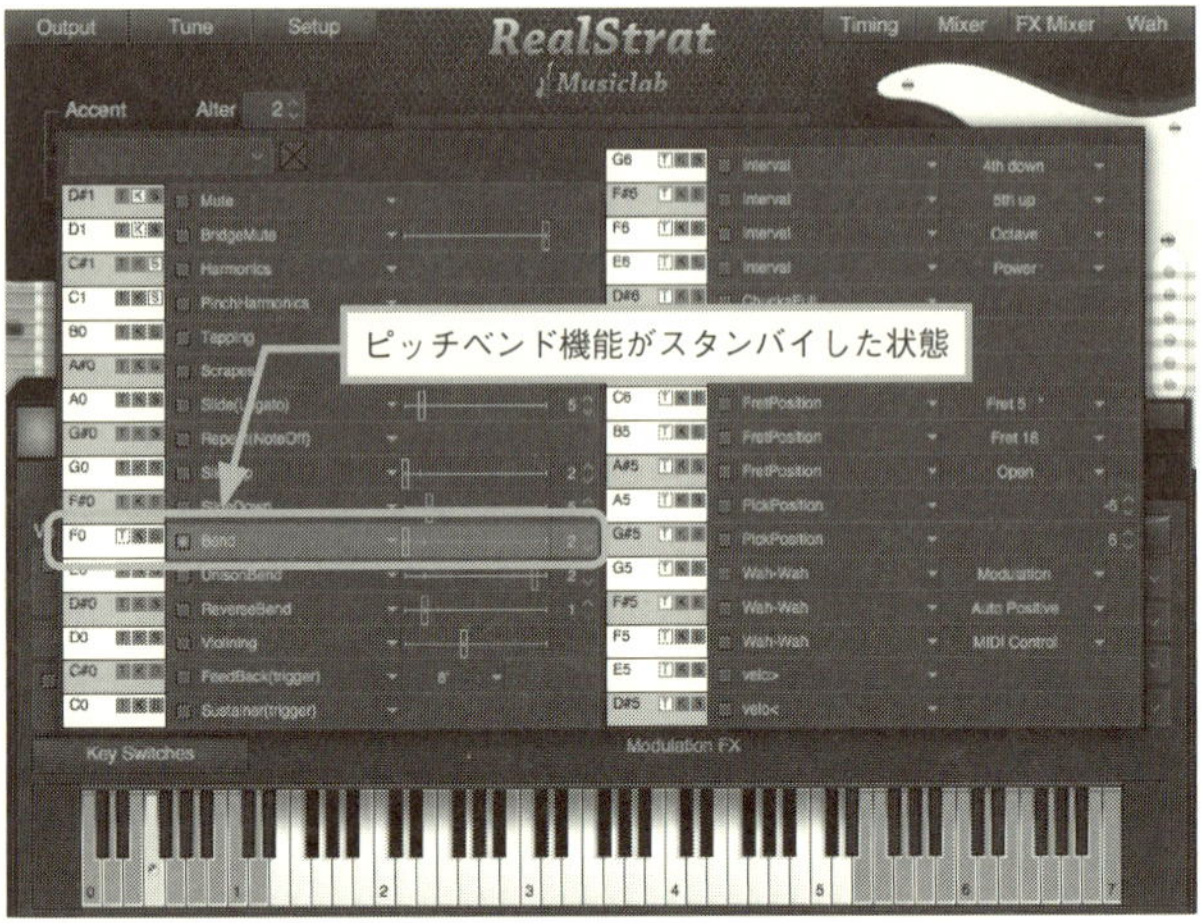
Output
Tune
Setup
RealStrat
Musiclab
Timing
Mixer
FX Mixer
Wah
ピッチベンド機能がスタンバイした状態
Key Switches
Modulation FX

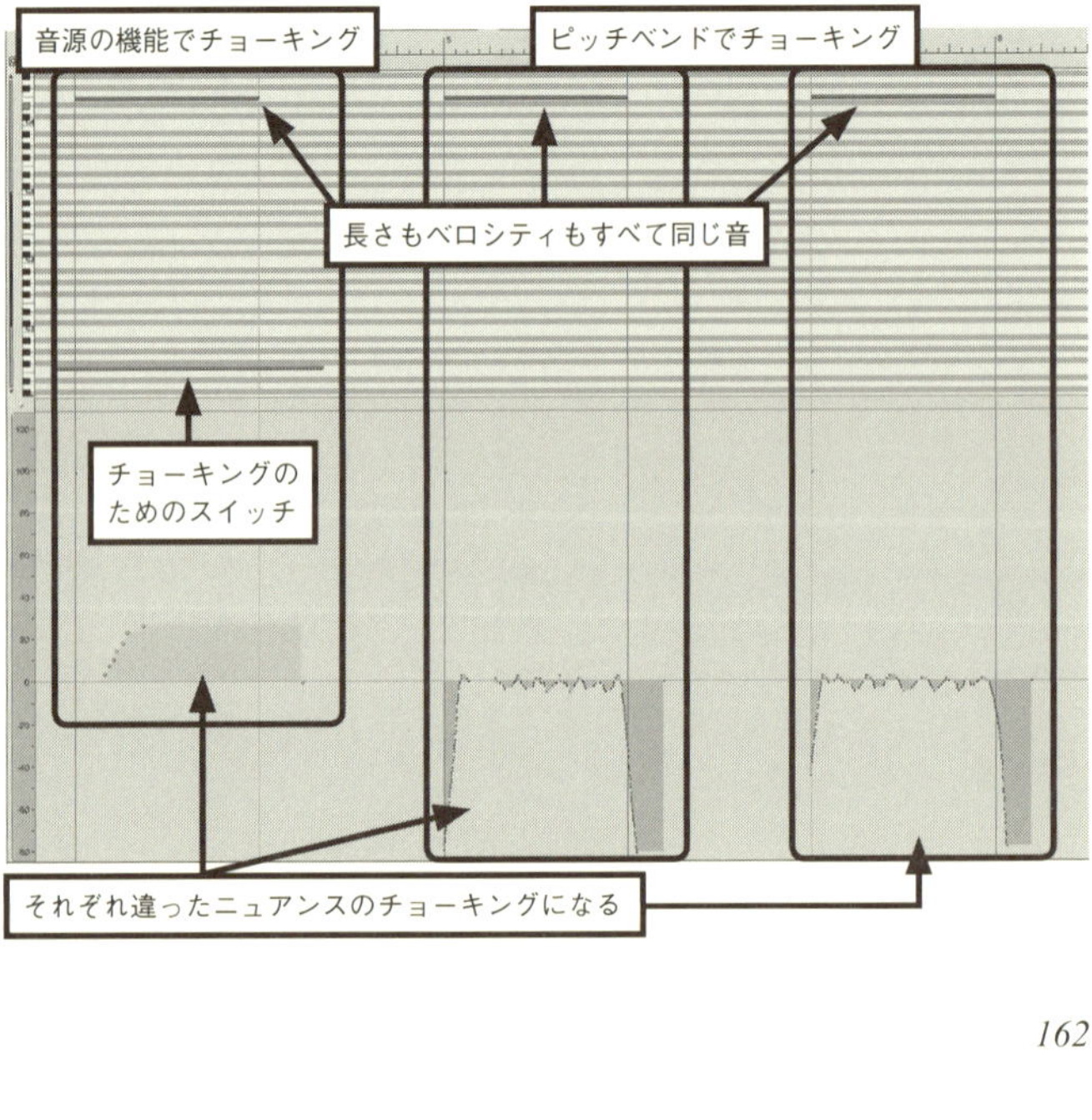
音源の機能でチョーキング
ピッチベンドでチョーキング
長さもベロシティもすべて同じ音
チョーキングのためのスイッチ
それぞれ違ったニュアンスのチョーキングになる

楽譜 10

３種類のチョーキングをオーディオファイルにしたので聴いてほしい。ピアノロール画面では右ページ図のようになっている。

⬇ ♪オーディオファイル 10

また、基本的なこととして、メロディを奏法を絡めずに演奏させることはＮＧだ。上の楽譜（楽譜10）を見ながら、オーディオファイルで聴き比べてほしい。この短いギターフレーズを3通りの方法で演奏している。

⬇ ♪オーディオファイル 11

最初はいわゆるベタ打ちで、ベロシティは全部〝64〟。次に聞こえる演奏はベロシティに変化を与えたもの。そして3つめはさらにスライド奏法とビブラート奏法を絡めた演奏だ。ファイル化に際して若干のＥＱとリバーブをかけている。

聴いてみるとわかるが、同じ音源でも演奏次第でこんなにも変わる。１つめ、２つめは演奏が脆弱《ぜいじゃく》に聞こえるだけでなく、サウンドクオリティも

悪く聞こえる。うまい人が弾くと楽器の音までもが変わったように聞こえるのはこのためだ。簡単にいえば、

POINT!

「その楽器らしく聞こえない音は、悪く聞こえる」

という法則を発見することができる。音の良い悪いは、周波数的な特性とかそういうことだけではないことがこれでもわかる。そしてこのことは本章末尾の〝まとめ〟にもつながる。

実際にどんなベロシティ、奏法になっているかは、左ページのピアノロール画面を見てほしい。

それと、ベロシティについてつけ加えておきたいことがある。それはベロシティの変化幅だ。

1回め　ベタ打ち演奏

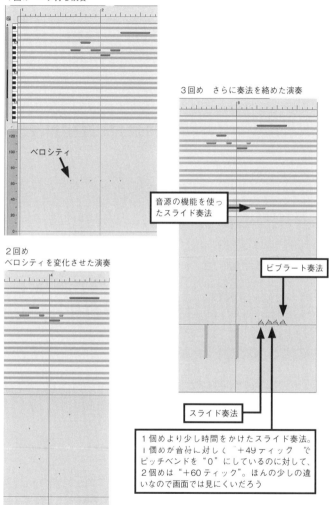

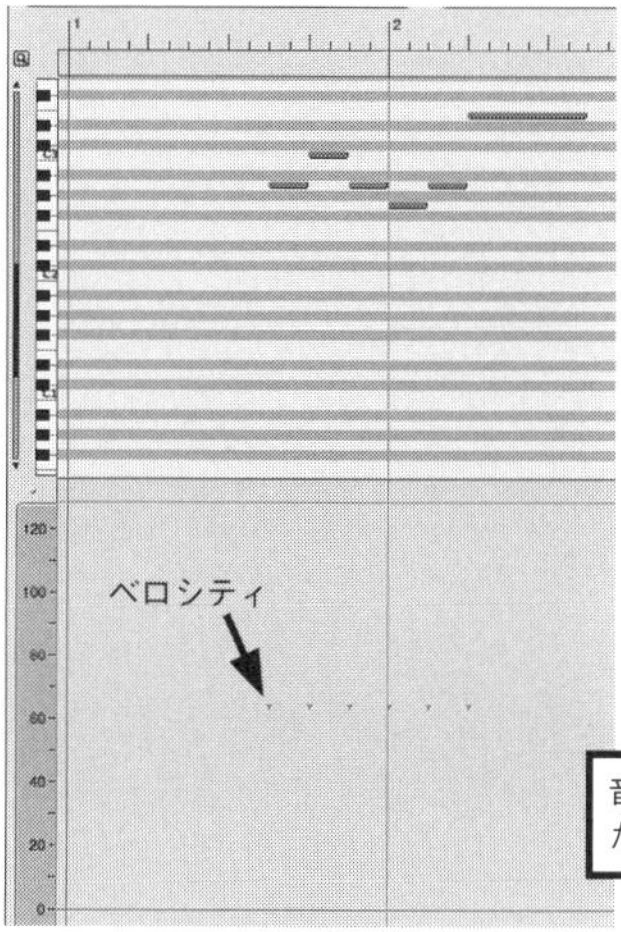

2回め
ベロシティを変化させた演奏

3回め　さらに奏法を絡めた演奏

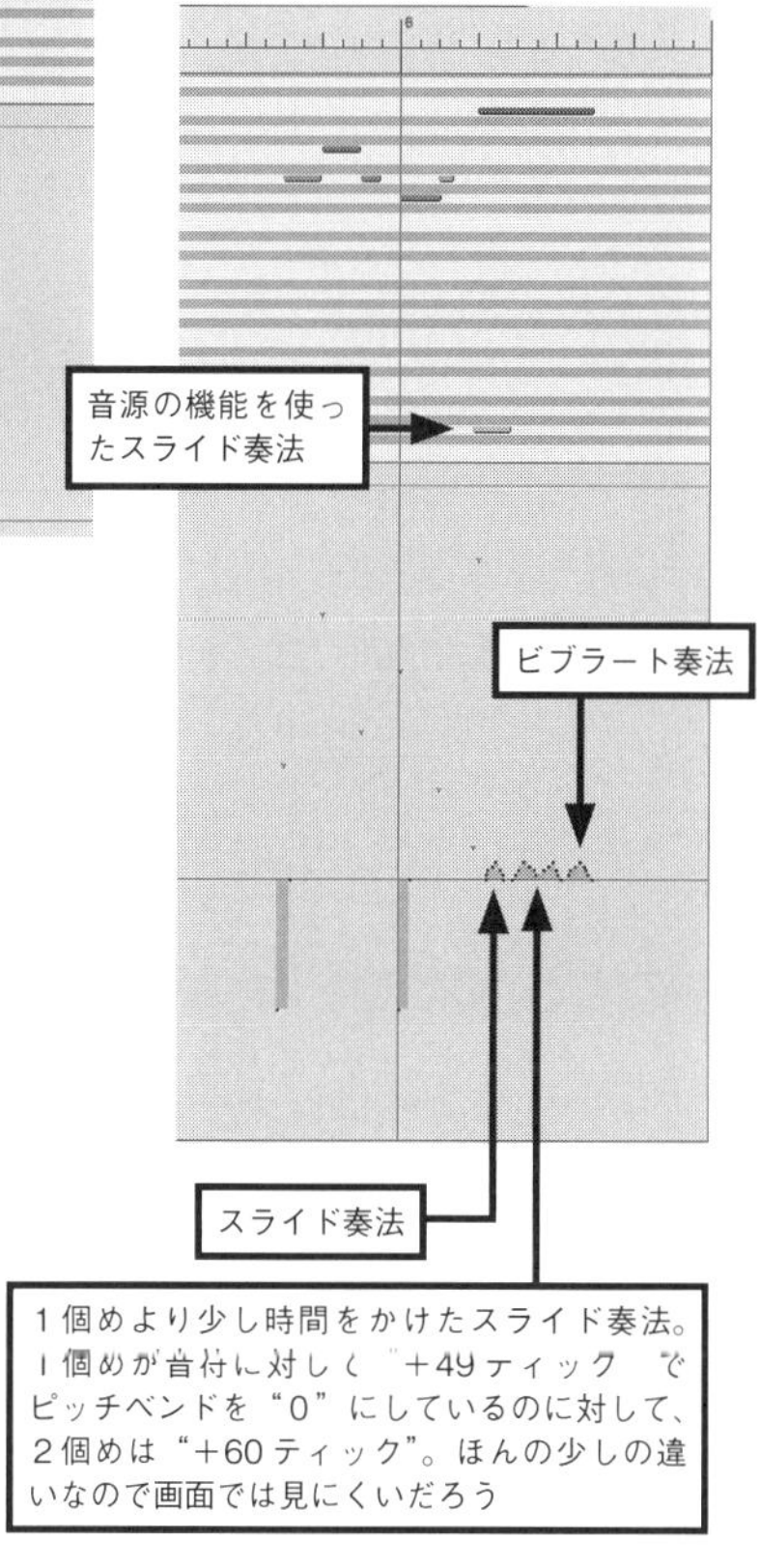

オーディオファイル11の2回めや3回めのベロシティを見てみると、小さいところと大きいところの差がとても大きいことがわかる。音源にもよるが、全体的にはベロシティはこのように変化幅を大きくしたほうがいい（左ページ図A）。

私が添削するときによくあるケースとして、「ベロシティは変えてある？」と聞くと「はい！　ベロシティは変えてあります」というので実際にデータを見てみると、たとえば左ページ図Bぐらいの変化しかつけていない。これでは人間が懸命に同じ強さで弾こうとしたときのベロシティの変化幅にしかなっていない。

「どう演奏したいか」のイメージがあってのベロシティではなく、「変えなければならないことは知っている。確かにベロシティを変えたら強弱が変わった」という考えのもとにベロシティを調整すると、こうなってしまう。出したい音がそこにはイメージできていないのだ。

POINT!

「『自分がプレイヤーだったら』と考える」

図B

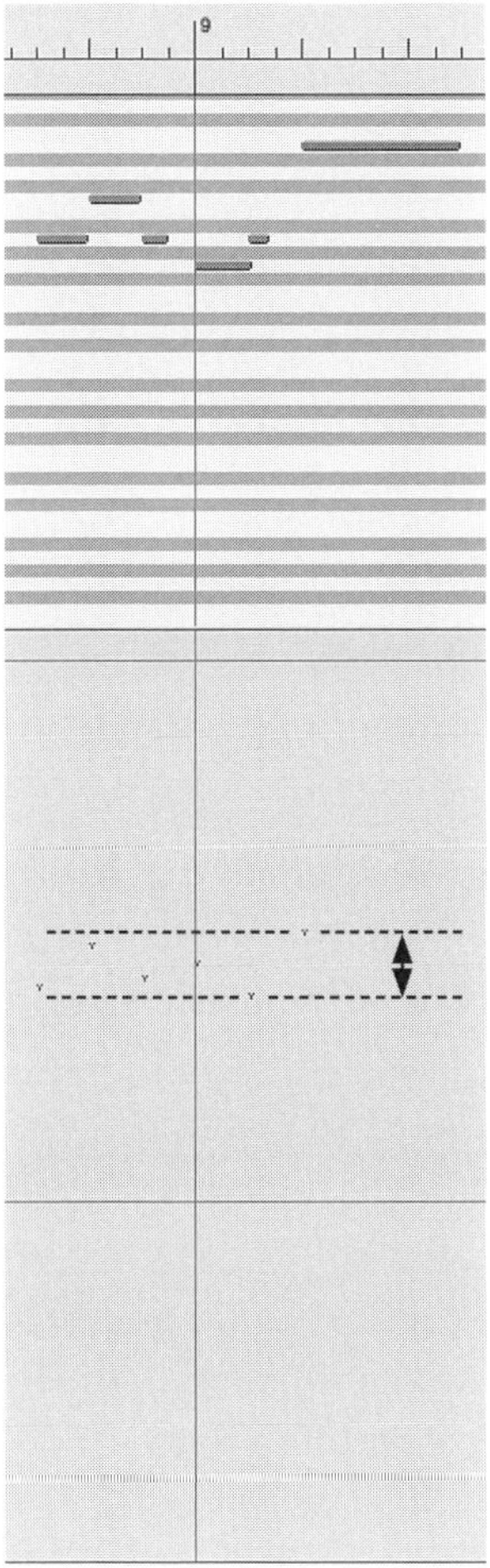

図A　オーディオファイル11の２回め

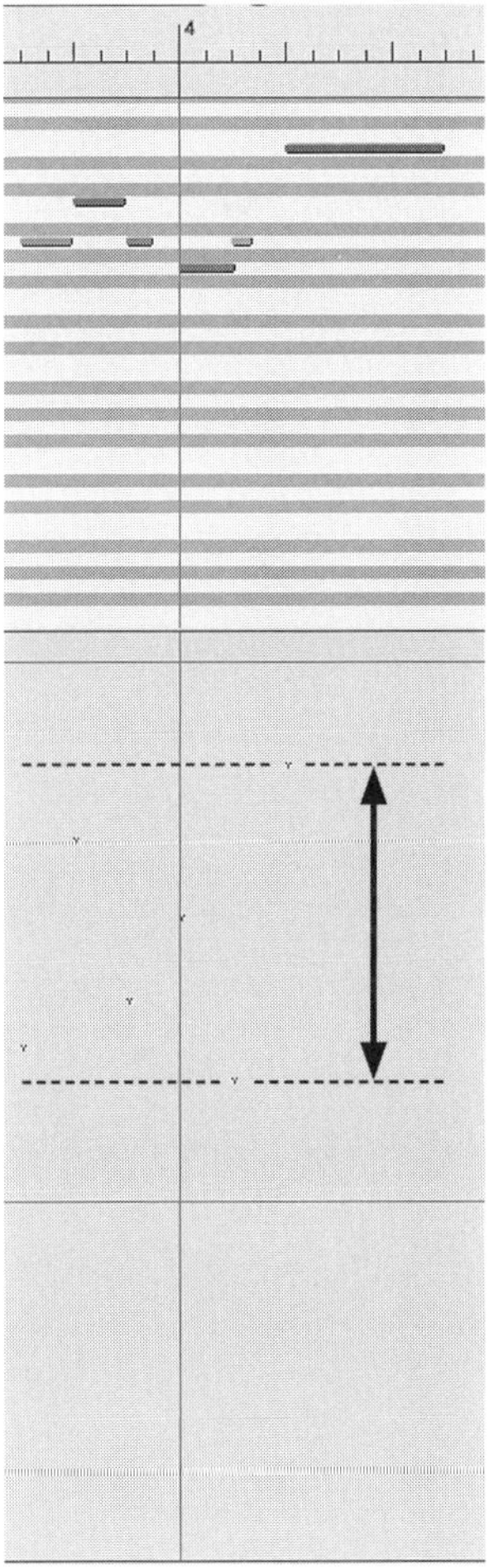

ピアノについてはこれまでもいろいろ書いてきた。ピアノで〝同じ音は2度繰り返さない〟を実現するには〝ベロシティ（強弱）〟と〝音が出るタイミング〟の2つが大切だ。楽譜を見てほしい（楽譜11）。これはショパン作曲の《ノクターン（遺作）》だ。映画『戦場のピアニスト』で一躍有名になった曲なので、聞いたことがあるという方も多いと思う。

これをベタ打ちしただけの演奏と、〝ベロシティ〟と〝音が出るタイミング〟を調整した演奏と、2通りの演奏をオーディオファイルにしたので聴いていただきたい[3]。

⬇♪オーディオファイル12

※前半に聞こえるベタ打ちの演奏ではトリルを省略している。

もちろんベタ打ちのほうは、誰が入力しても同じ演奏になる。一方ベロシティとタイミングを調整したほうは、調整した人の感性でさまざまに変化する。

楽譜 11　ショパン作曲《ノクターン（遺作）》

3 ベロシティ、タイミングの他に、音の長さやテンポも重要なファクターだ。音の長さについては、課題の曲ではペダルを踏んでいるので、事実上ペダルを踏むタイミングが音の長さとなる。音の長さの効果については次の木管楽器の項で詳しく書くことにする。またテンポは、音楽ソフトでももちろん細かく変えることができる。

実はこれは私が講義をしている東海大学の授業「ミュージッククリエイション」のなかの課題の1つで、学生たちには自分がピアニストならどのように演奏したいかをイメージし、音楽ソフトで1音1音ベロシティとタイミングを編集したのち、最後にファイルを提出してもらっている。オーディオファイル⑫の後半の演奏はそのなかから生まれた作品で、本人（東海大学体育学部スポーツ・レジャーマネジメント学科の田村大地さん）の了解のもとに今回使わせていただいた。

こうして聴き比べてみると、先に聞こえるベタ打ちの演奏がなんとつまらない演奏であるかがよくわかる。それに比べてあとから聞こえる演奏は、作者がどのように演奏させたいかがきちんと伝わってくる。

後半の演奏データを174～177ページに掲載したのでよく見てほしい。ベロシティとタイミングがさまざまに変化しているのがわかる。

ピアニストもこれと同じことをしているといえる。違うのはマウスではなく自分の指を使ってリアルタイムにコントロールしているという点だ。他に違いはない。

〝ピアニストには心があるがパソコンにはない〟というようなことは、まったく見当違いだ。パソコンに心がないのは当たり前だが、パソコン入力者にはピアニストと同じように心がある。そもそもこの場合、ピアニストにあたるのはパソコン入力者であってパソコンではない。比較の対象が間違っている。

また、「ピアニストの心がピアノに現れる」ともよくいわれる。そのことにまったく異論はないが、心が見えない何かになってピアノに乗り移るわけでは決してないことは冷静に考えればすぐにわかる。ピアノはそんなオカルト的な楽器ではない。見えない何かが乗り移るのではなくて、心が指の動きに変換され、それを受け取ったピアノが受け取ったままに音を出している。上手なピアニストというのは、この〝指の動きに変換〟のところが意識、無意識を問わず他の人より優れている人のことをいうのだ。

ピアノにもパソコンにも心はないのであって、そこからすばらしい音が聞こえるのはピアニストやパソコン入力者の努力の賜物《たまもの》なのだ。

その反対に〝指の動きに変換〟がうまくできない人の演奏は、心とは異なった情報をピアノに伝えてしまうのであって、これは下手な演奏に聞こえる。

要するに、揃わない加減がある範囲を逸脱してしまう（変換がうまくできない）と下手な演奏に聞こえるのであり、だからといって、きちっと揃ってしまうのもダメなのだ[4]。揃えられていない音と揃えすぎた音との間にあるものこそが〝音楽〟なのであり、またそこにはある幅があって、音楽性の違いや好みはそこに存在する。それを理解していないピアノ教育者は生徒の演奏を聴いて「もっと音を揃えて……」と言ったかと思うと、今度は揃えられた演奏を聴いて「それではつまらない。もっと気持ちを入れて！」と言う。すると生徒は精一杯気持ちを込めてたとえば作曲家の苦悩を追体験しようと苦しむ。揃えられた音では何も表現はできないのに……。

※人間の動きがピアノの音に置き換えられる際のファクターを、私は左ページコラムを含めてこのように考えているが、それ以外にもご存知であればぜひとも教えていただきたい。重版時に加筆したい。

4 “学生弾き”という言葉をご存知だろうか。平坦でつまらない演奏でおよそ音楽的ではない演奏のことをいうが、それはまさしくここで説明したきちっと揃えられた演奏と同じであり、音楽学校ではこのように矯正されてしまうことも多い。

COLUMN

ピアノの奏法いろいろ

ピアノには「ハーフペダル」という手法がある。ダンパーペダル（ピアノの右ペダル）をＯＮ／ＯＦＦの２択で考えるのではなく、その中間にする（ペダルを微妙に踏む）ことで異なった音色を得る方法だ。特に繊細な曲ではその効果が高い。昨今のピアノ音源はこの域までも近づいてきているが、本書では取り扱わなかった。この奏法に対応したソフト音源もある。本書でも登場したIvory Ⅱにもこの機能が備わっている。

また「ハーフタッチ」という奏法もある。これは鍵盤を下まで弾き切らずに途中で指を鍵盤から離す奏法だ。鍵盤を下まで押し込まないことで、鍵盤とそれを受ける部分との接触音を減らす奏法だ。接触音が少ないことで滑らかな感じになる。この奏法も、最近のソフト音源には備わっていることが多くなってきたようだ。

その他、あらかじめ鍵盤を少し下げた状態から弾く奏法がある。この奏法には名前がついていないようだ。ハンマーから弦までの距離を変えるので音色が微妙に変わる。鍵盤に軽く触れるだけでハンマーはもち上がるから、演奏者が意図しなくても（意図せずに）この奏法を使っていることも多い。音色が変わるのは遠心力が関係しているのではないかと思われるが、詳しいことはピアノメーカーに聞かなければわからない。

オーディオファイル⑫後半の演奏データ（１）

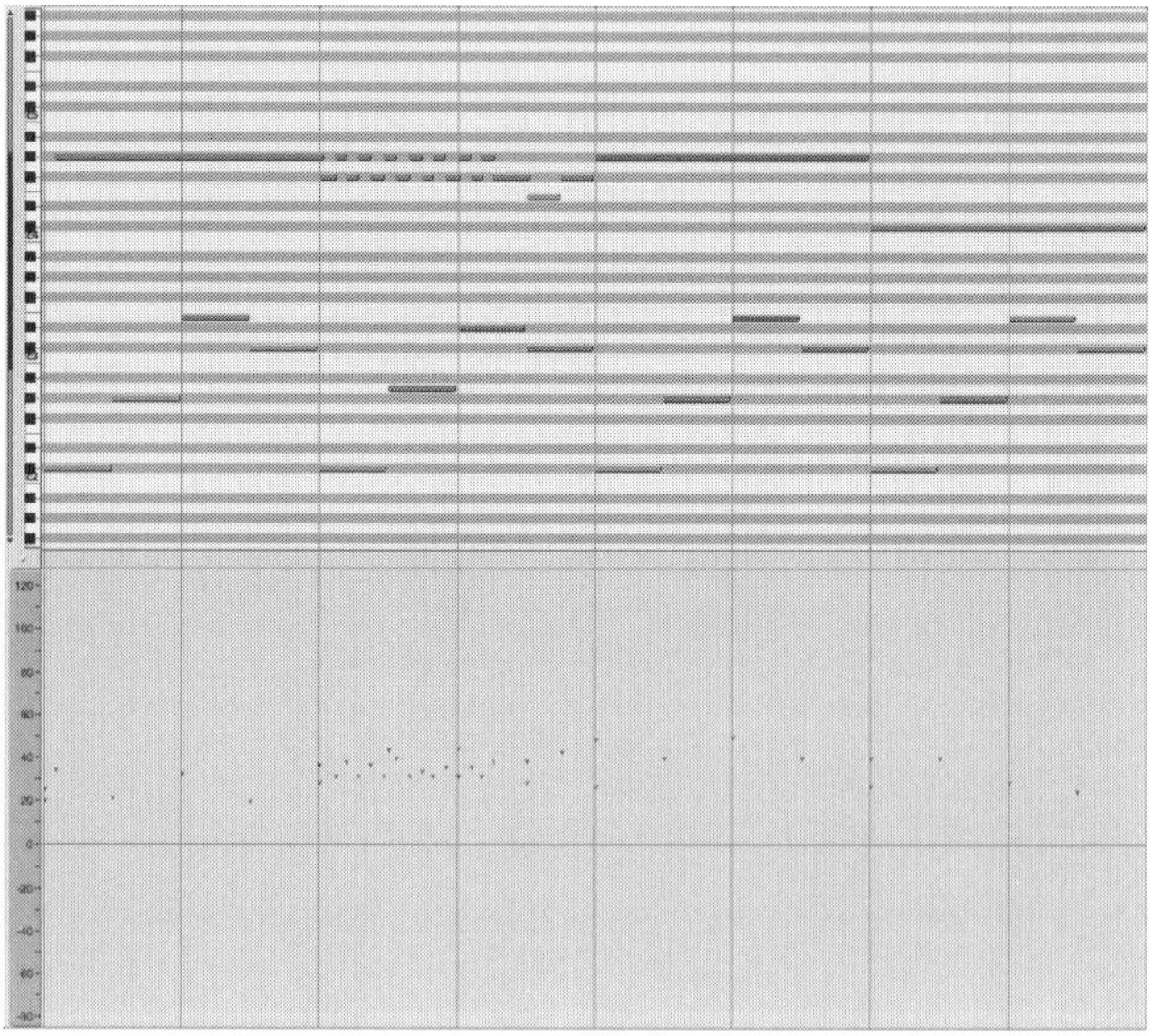

オーディオファイル⑫後半の演奏データ　(2)

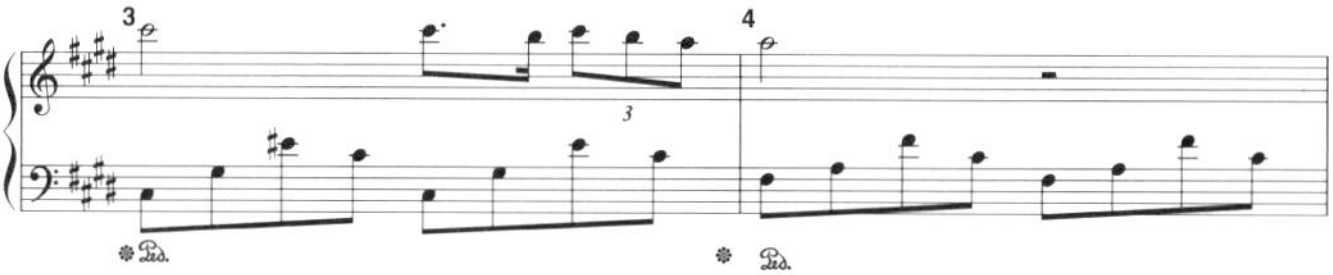

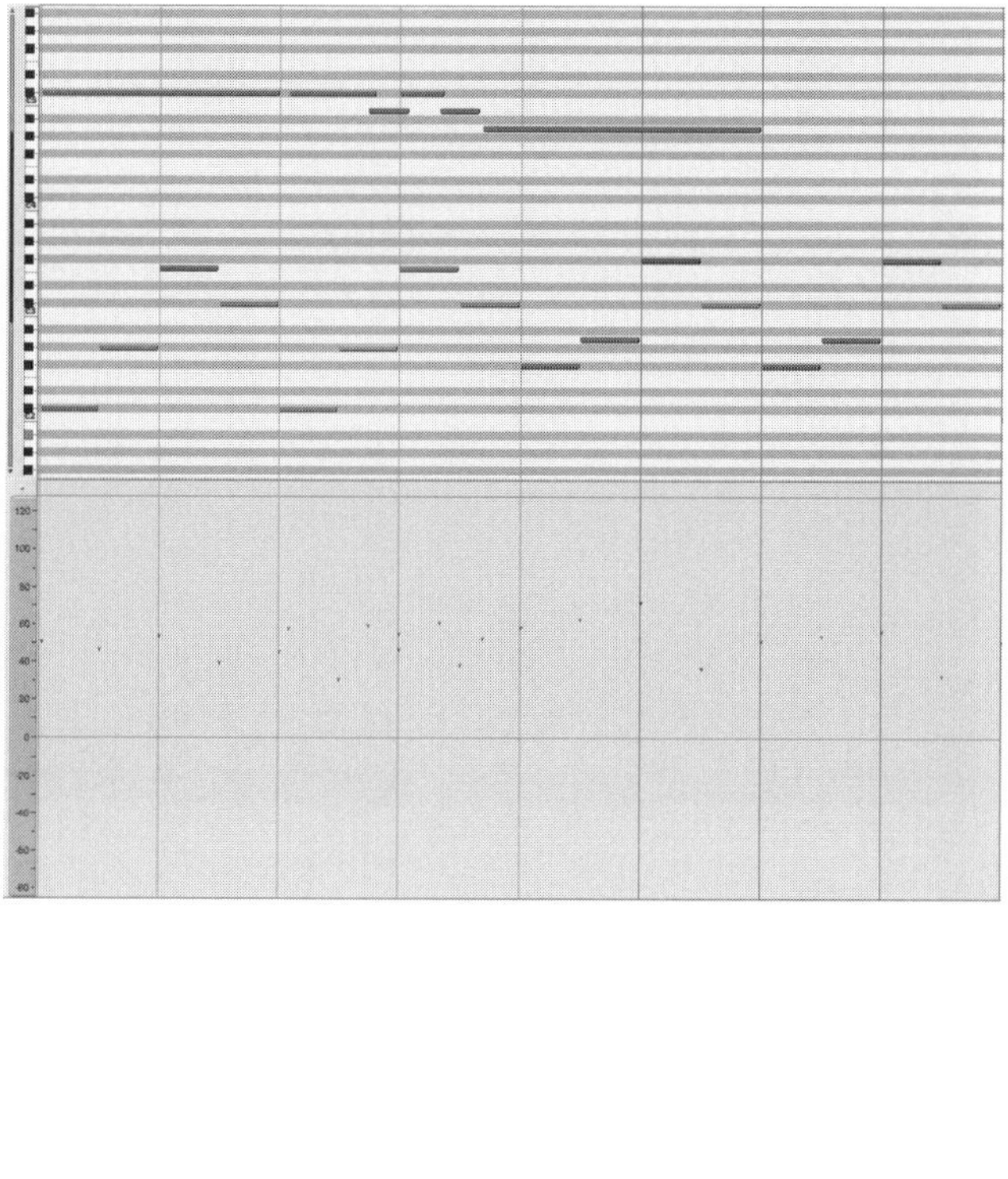

オーディオファイル12後半の演奏データ（3）

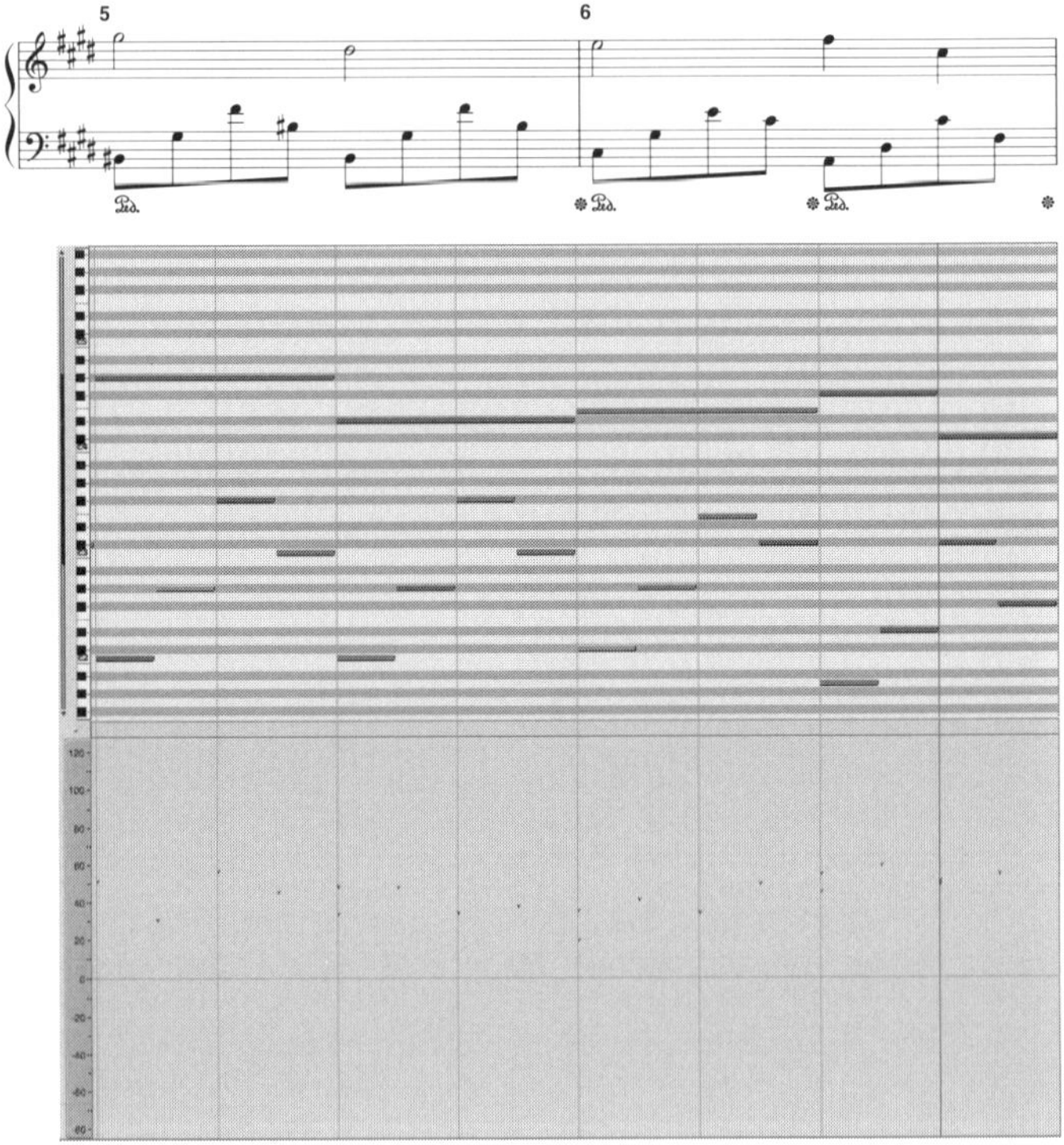

オーディオファイル12後半の演奏データ （4）

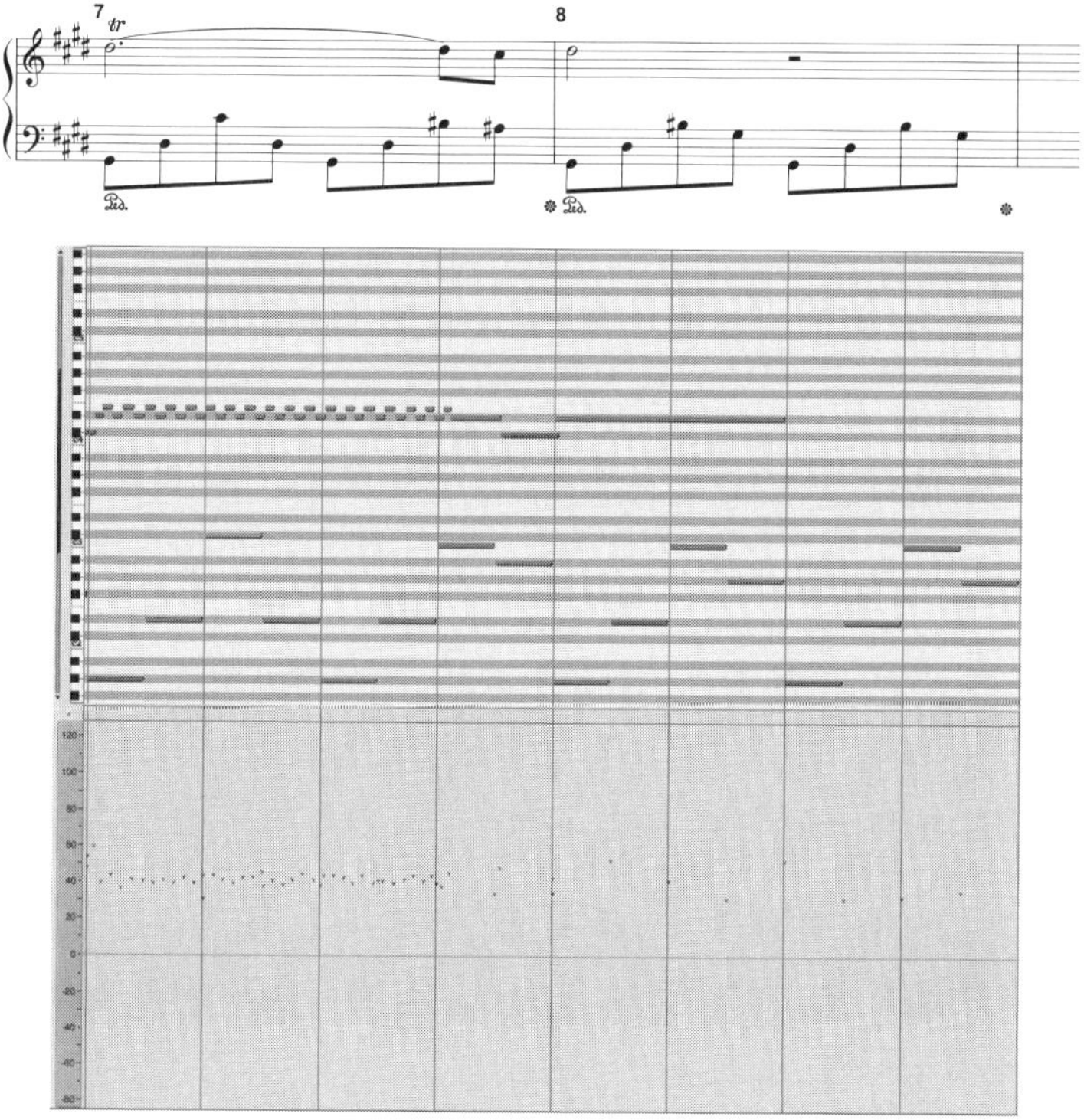

ヴァイオリンやチェロなどの弦楽器

これらの楽器はギターやベース、ピアノと違い持続音の楽器だ。音が持続している間、変化がない状態を作らないようにする。ボリュームやクロスフェード[5]などを頻繁に変化させ、音がただ伸びているという状態を作らないようにする。

例として、私が書いた『ＤＴＭオーケストラサウンドの作り方』のなかでサンプル曲として制作した曲のヴァイオリンⅠのパートを見てもらいたい。楽譜は左ページのとおり（**楽譜12**）。

このメロディを入力してさまざまに編集を施した演奏をオーディオファイルにしたので、まずはそれを聴いてみてほしい。なかなかリアルな感じで良い音に仕上がっていると思う。

⬇ ♪オーディオファイル 13

※『オーケストラサウンドの作り方』ではこのヴァイオリンパートに他のヴァイオリン音色をミックスしてさらに音作りをしている。

5 Vienna シリーズの用語。弦を当てる弓の強さ。ボリュームとはひと味違った音の変化がある。強く押し当てれば太く明るい音が、弱く押し当てて弓を引けば柔らかい音色になる。

楽譜 12

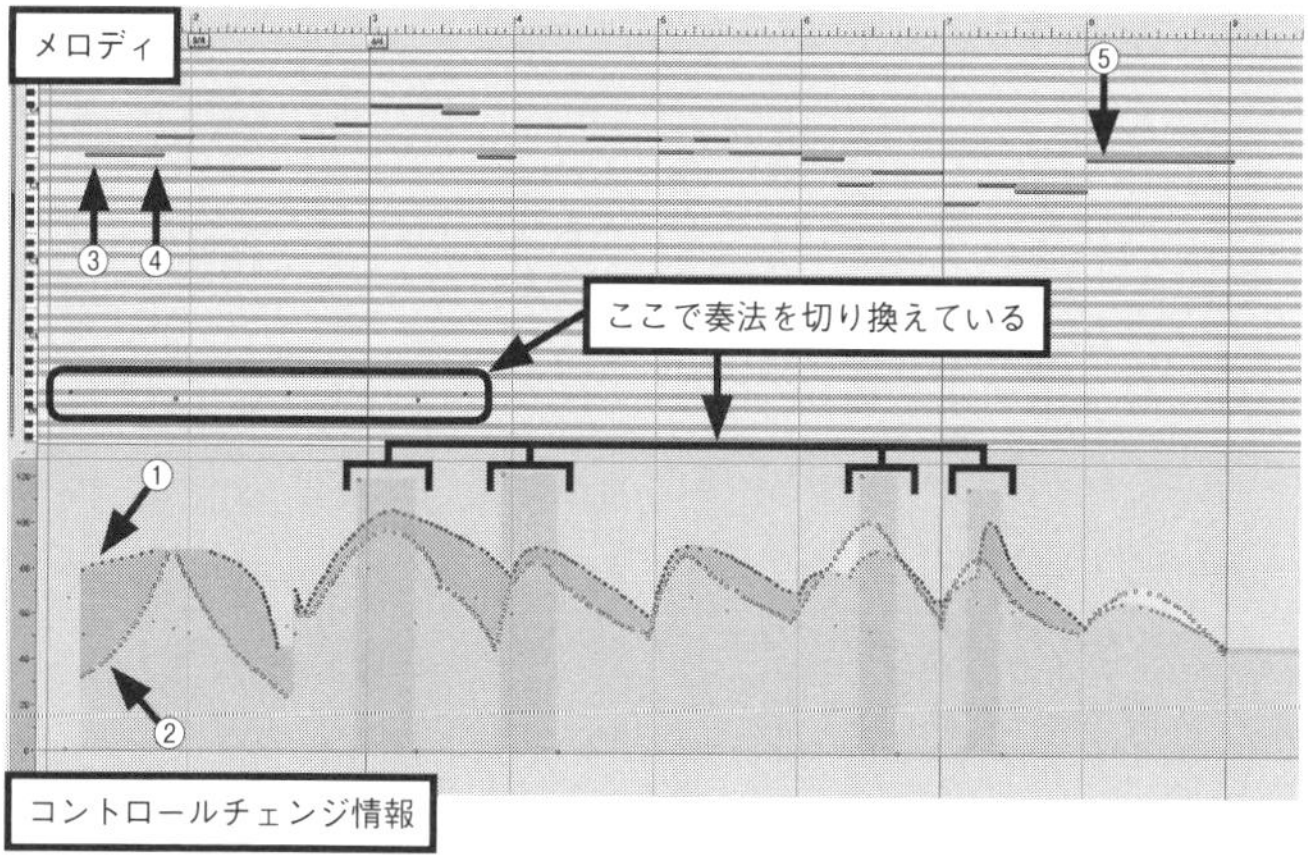

〝さまざまな編集〟は上のピアノロール画面で見ることができる。

音源は、Vienna InstrumentsのViolinsを使用。メロディに対して、さまざまなデータが入力されているのがわかる。いくつかは奏法を切り換えるためのコントロールチェンジ情報だが、それ以外にボリューム情報（矢印①）とベロシティクロスフェード情報（矢印②）が入力されている。そして、これらはメロディが演奏されている間、ほぼ休むことなく変化を続けて

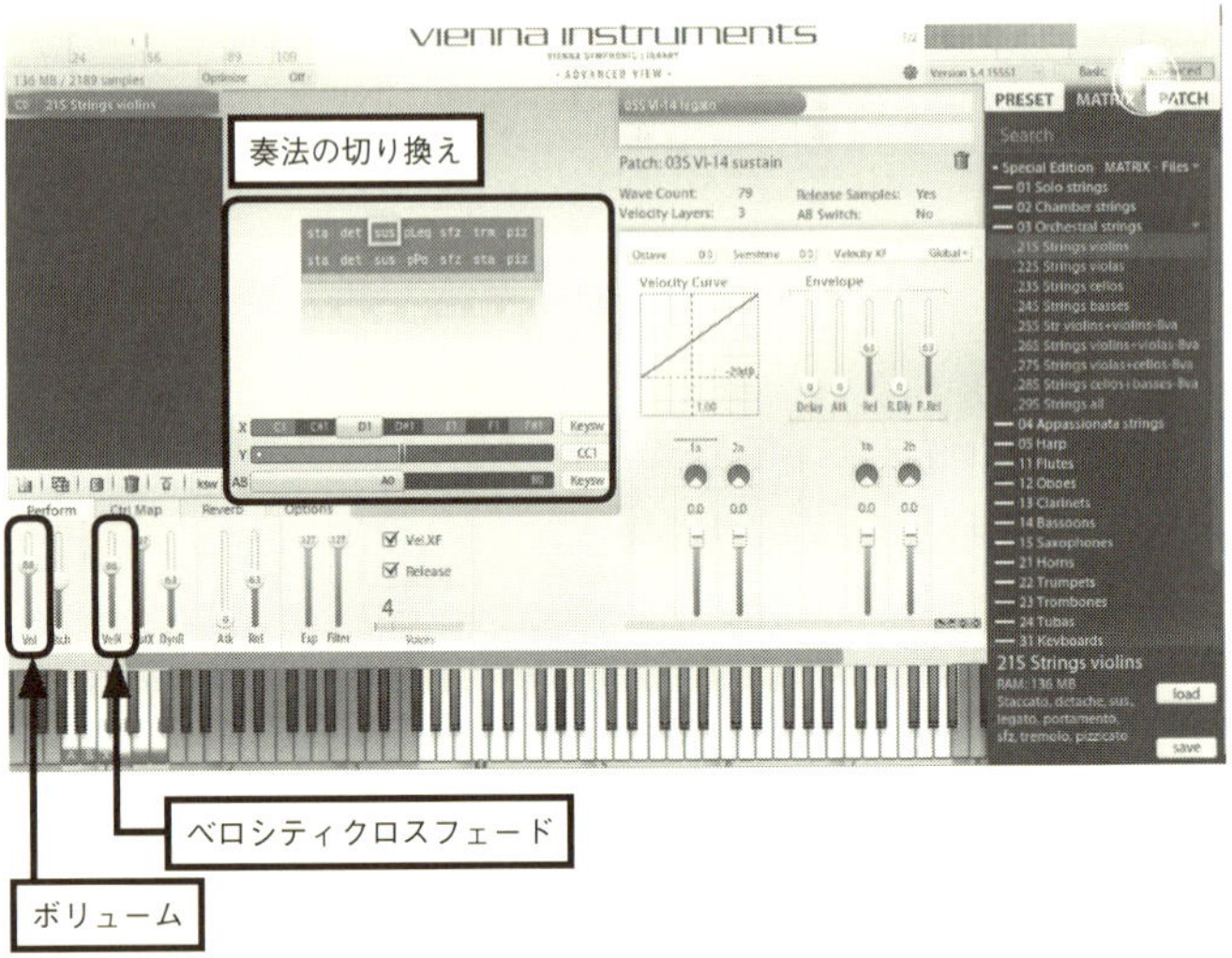

いる。その結果、矢印③と矢印④では同じ音符のなかであっても音が違う。

音源そのものが長い時間をサンプリングしているので、このように変化させなくても矢印③と矢印④で音は変化するのだが、それでは矢印③と矢印⑤のように同じ高さの2音は同じ演奏になってしまう。サンプリングされた音の表情は、これを演奏した演奏者の感性から出た音。ピアノの項目でも書いたように、自分だったらこう〝演奏したい〟が重要だ。矢印③と矢印⑤は同じ音（ファ）だが、フレーズ冒頭と最後であるのに同じ音の表情でいいはずがないと私は思う。

前ページ図のようなコントロールチェ

ンジ情報によってVienna Instrumentsがどのように動くかを動画にしたのでそれを見てほしい。たえずパラメーターが動いているのがわかると思う。

⬇動画ファイル「StringsMovie」

フルートなどの管楽器

これらも持続音の楽器なのでヴァイオリンと同じような注意が必要だが、私はこれらの楽器においては、特に音の長さにこだわって編集する。次の曲（183ページ楽譜13）で実際にその効果を確認してほしい。

音源にはMOTU社のSymphonic Instrumentのなかにある"Flute"を選択。フルートのロングトーン音色だ。同じライブラリーのなかにはスタッカート音色もある。実際の作品では私はスタッカート音色も併用すると思うが、今回は音の長さによる変化の試みなのでロングトーンだけを使うことにした。

同じメロディを2回演奏したファイルがオーディオファイル14。その演奏情報は左ページのピアノロール画面を見てほしい。

⬇ ♪オーディオファイル 14

どちらもベロシティは同じ。違うのは音の長さだけ。楽譜のなかのスタッカート（・）の印があるところは、1回めの演奏では全部同じ長さになっているが、2回めの演奏では1回めと比べて少し短いところがあったり、少し長いところがあったりしている。ベロシティは編集してあるので1回めの演奏もきれいではあるが、表情がなく冷たい。それに比べ2回めの演奏は、わずかな差ではあるがいい意味で揺れた演奏となっている。

POINT!

「管楽器では音の長さが重要となる」

また、◯で囲んだところの長さにも注目してほしい。その場所を拡大したのが図A。図Bとどっちがいいか聴き比べた結果、図Aを選んだ。

楽譜 13

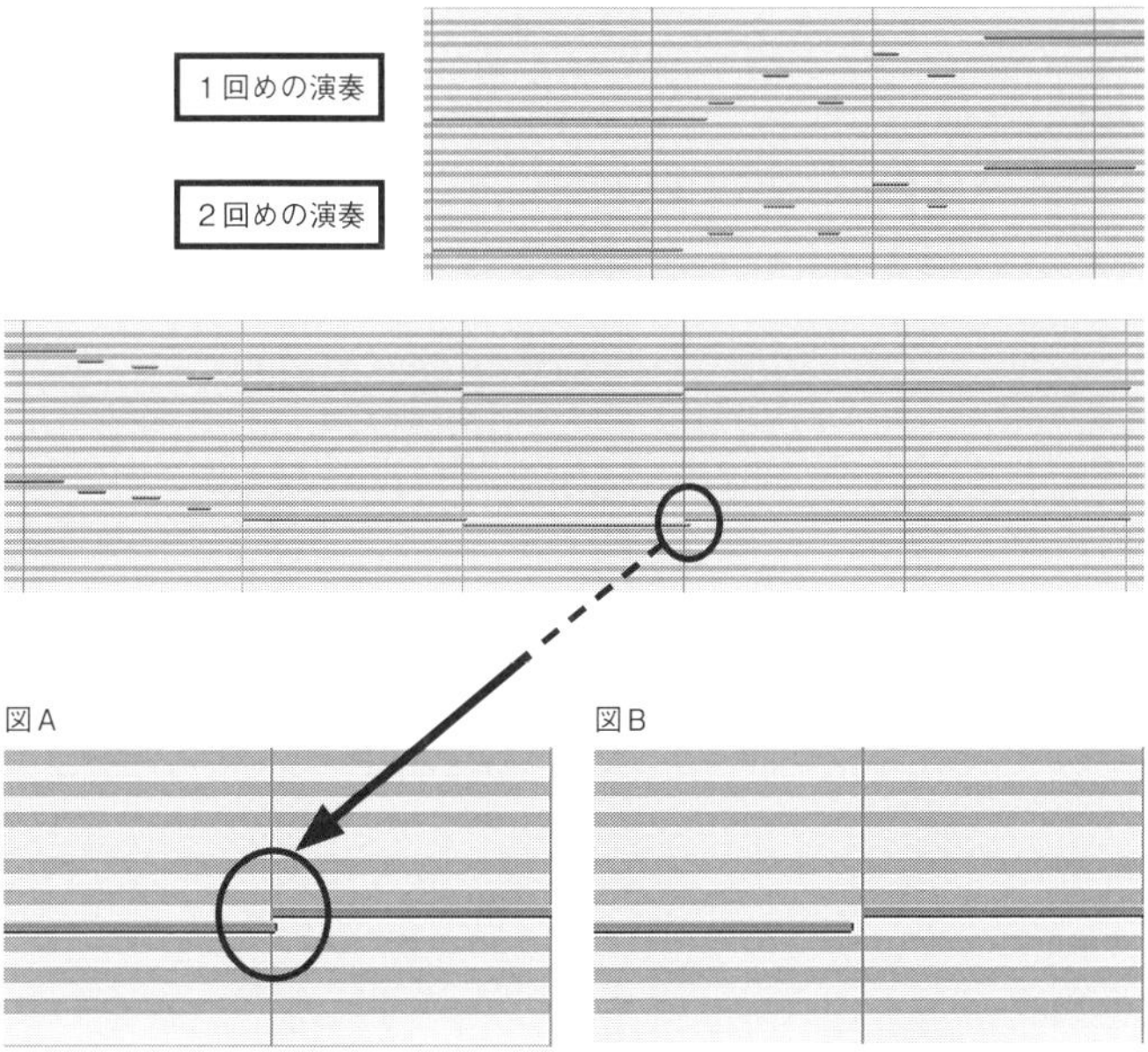

音符と音符がどのように接近しているかによって音の聞こえ方は変わる。どのように、またどの程度変わるかは音源や設定によって異なるのが、この例のように管楽器ではタンギング（音と音との区切りのニュアンス）が変わるように聞こえるだろう。

管楽器ではさらにビブラートに気をつける。同じスピード・深さのビブラートは意外にすぐにわかるものだ。音源の機能としてのビブラートを連続して使わないようにする。163ページのギターのところで編集したような手間をかける必要がある。

パーカッション

ベロシティに変化を与えることはもちろんだが、「ギターやベース」の項のなか、166ページでも書いたように、その変化幅を意識して大きくしたほうがいい。プラスマイナス10ぐらいの幅では聴いた人には伝わらないと思っていい。また音源に機能があれば、気に入った1つのサンプルを連続使用するのではなく、97ページのタンバリンのように、違うサンプルをリズム内で混ぜて演奏させたほうがいい。

POINT!

「パーカッションではベロシティの変化幅を大きく!」

シンセサイザー

ここでいうシンセサイザーとは、アコースティック楽器のシミュレーターとしてではなく、自然界にはない新しい音を送出する楽器としてのシンセサイザーのことを指している。本章はここまでアコースティック楽器の音色を中心に〝良い音〟の出し方を説明してきたが、シンセサイザーの〝良い音〟はどのように考えたらいいのだろう? シンセサイザーには模範となるものがないので、果たしてその音が良いのか悪いのかの判断ができないように思える。しかし、〝同じ音は2度繰り返さない〟の原理はここでも同じだ。

この本はもともとアコースティック楽器をシミュレーションするための本ではなく、良い音を出すための本だ。アコースティック楽器の音を出すならば、それをシミュレートしたほうが、つまり生身の人間が演奏するのと同じように〝同じ音は2度繰り返さない〟ほうが良い音に聞こえるので、本章ではそういった点にポイントを置いてきた。シンセサイザーであっても良い音のために考えることは同じ。〝同じ音は2度繰り返さない〟を実現すればいい。

次のようなシンセサイザーフレーズを使って、実際に音を聴きながらそれを確認しよう（楽譜14）。

楽譜 14

これをシンセサイザーのノコギリ波で演奏すると、**オーディオファイル**15となる。

↓ ♪オーディオファイル15

使った音源はArturia社のMiniV。シンセサイザーの名器Moog社のMiniMoogをシミュレートしたソフトシンセサイザー音源だ。フィルターは全開、エンベロープは若干Decay（減衰時間）を調整しただけ。ほとんどノコギリ波の〝素〟の状態だ。昔のゲーム機のような音を出したいとか、古い感じのシンセサイザーの音を出したいとか、わざとチープな音を出したいというような特殊な場合でなければ、**オーディオファイル**15のような音が曲のなかで聞こえるのはNGだ。

しかし、これにピッチを少しずらした（ディチューンという）音を重ねた**オーディオファイル**16や17ならOK。ディチューンの度合いが異なる16と17とはどっちがいいということではなく、自分の出したい音のほうを選べばいい（ここでは17のほうを選択した）。

↓ ♪オーディオファイル16・17

フレーズ最後の４分音符の箇所を波形表示した

15：ディチューンなし

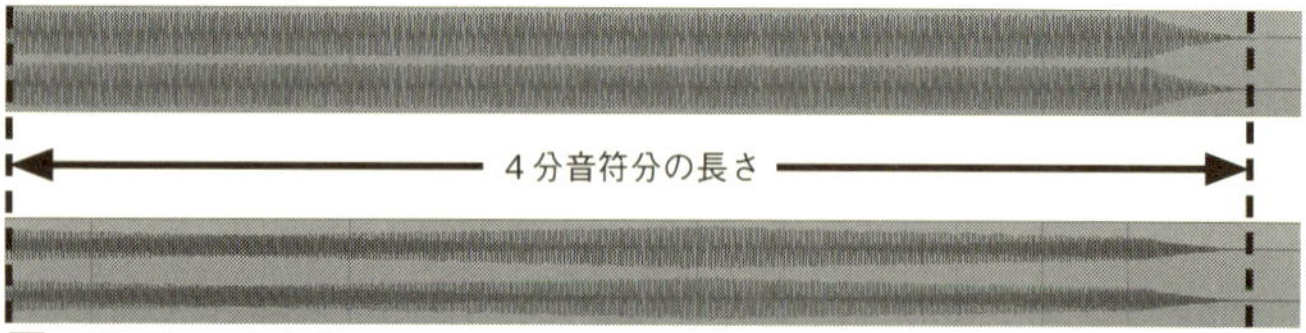

17：ディチューンあり

※ １ファイルに対して波形が上下２つに分かれているのは、ステレオファイルであるため

この手法はシンセサイザーの基本的な音作りの1つだ。

ではなぜ、ディチューンすることが〝同じ音は2度繰り返さない〟につながるのか。それはそれぞれの波形を見るとわかる（上図）。

ディチューンをかけていない波形は変化に乏しく、[6] それに対してディチューンをかけているほうにはひと目で変化のあることがわかる。つまり、繰り返していないことになる。

同じ音を繰り返さないための編集はさらに続く。今度はディレイをかけてみよう。

↓
♪オーディオファイル 18

6 実際には同じ波形が繰り返されるのではなく、ほんの少しだけ波形が変化している。MiniV は実機をシミュレーションしているので、そういったところも再現されているのかもしれない。これらの機種の評価が高いのは、こういった音の特性も関係しているのかもしれない。

15：ディチューンなし

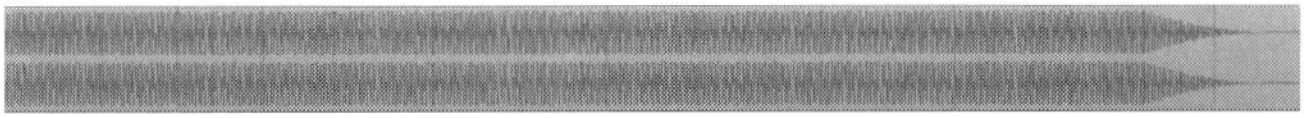

17：ディチューンあり

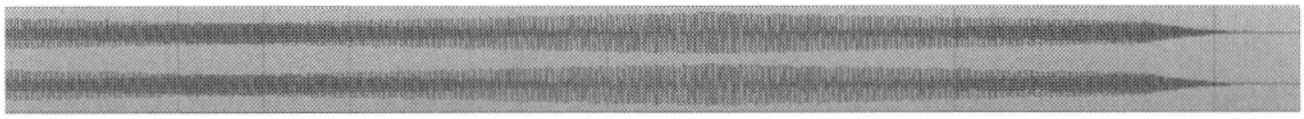

18：17にディレイを付加

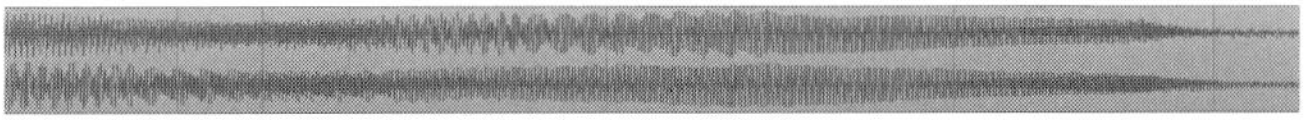

19：17にディレイとリバーブを付加

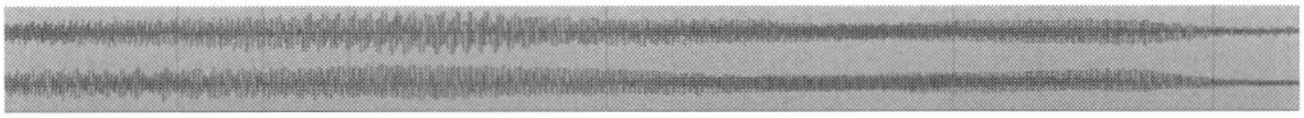

さらにリバーブをかけたファイルがオーディオファイル19。

↓ ♪オーディオファイル19

これまでの波形をまとめて表示すると上図のようになる。

こうして比べると、音作りをするということは、音に時間的変化を与えることに他ならないということがよくわかる。

次のシーケンスパターンを使ってそれを確認しよう（次ページ楽譜15）。

↓ ♪オーディオファイル20

楽譜 15

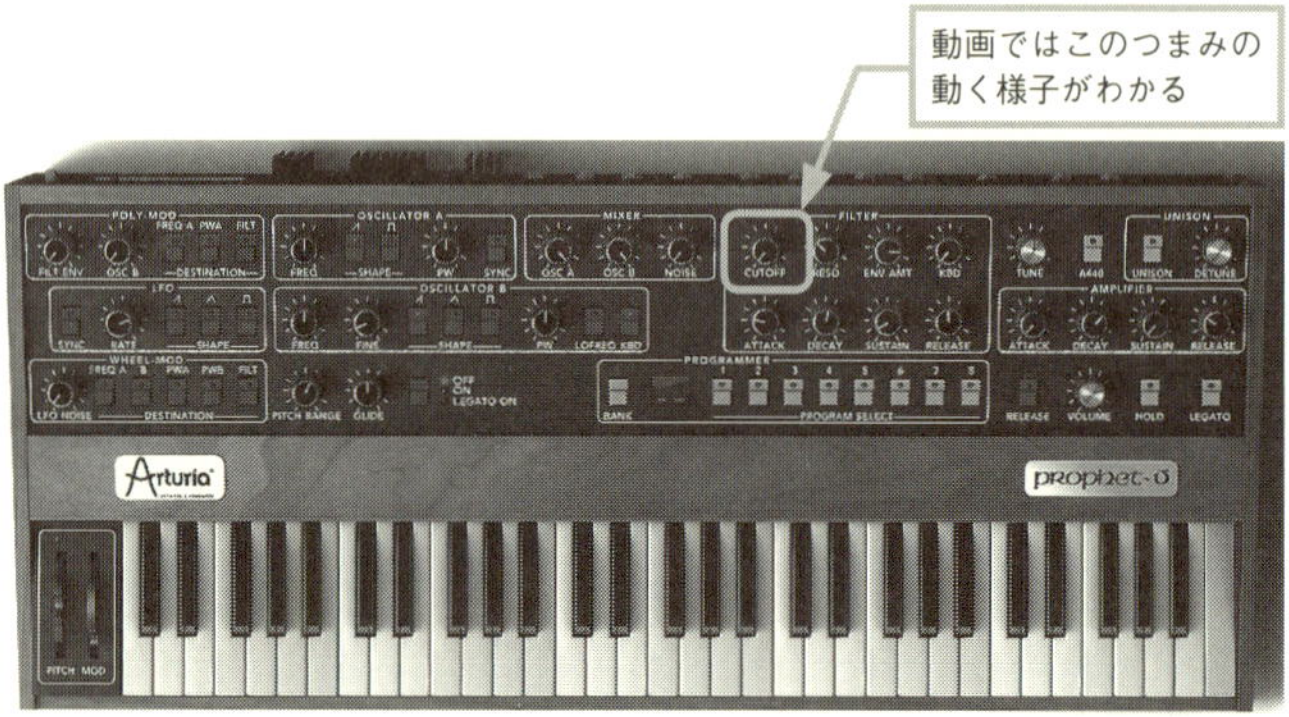
動画ではこのつまみの
動く様子がわかる
CUTOFF

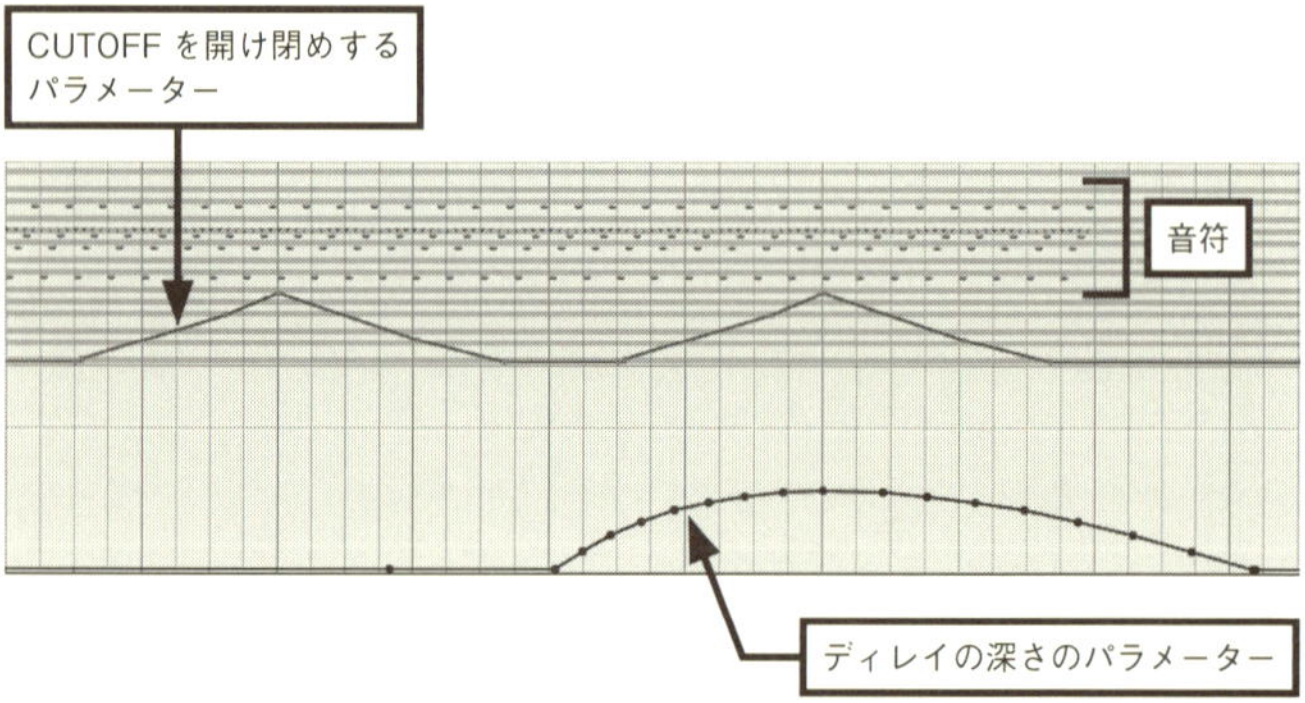
CUTOFF を開け閉めする
パラメーター
音符
ディレイの深さのパラメーター

曲の流れのなかでこのフレーズを繰り返し続けるとしたら、**オーディオファイル21**のようにフィルターを開け閉めしたり、エフェクターのかかり具合に変化をつけたりするのは、シンセサイザーで曲を作るアーティストなら誰もが試みることだろう。この様子を動画にしたので、実際につまみ（右ページ上図、上段のCUTOFF）が動いている様子を確認してほしい。

⬇ オーディオファイル 21

⬇ 動画ファイル「SequenceMovie」

動画の部分は、DAWで見ると右ページ図のようになっている。

アコースティック楽器をシミュレートするのではなく、いわゆる電子音だけで作品を作る人たちの音作りの様子を見てみると、つまみをしきりと動かしてフィルターを開け閉めしたり、エフェクターをコントロールしたり……、つまるところ、

POINT!

「音を1ヵ所に停留させないようにコントロールしている」

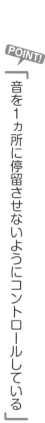

ということがわかる。

アコースティック楽器はもともとの音自体が変化に富んでいるのでそれだけで十分だが、シンセサイザーの音源はもともとの波形に変化が乏しいので、音を停留させないことは自然な欲求なのだと思う。だから、ＤＡＷを使った作品のなかでシンセサイザー音を使うとき、それを意識して音作りをすれば音は良くなる。

また同時に、１９０ページの図に見るコントロールの度合いは自分の感性そのものだから、そういったことからも自分らしいサウンドを作ることにつながる。逆をいえば、ただ単にパラメーターを変化させただけで、自分の出したい音を出せていない場合は、やはり良い音にはならない。これはアコースティック楽器のシミュレーションのときと同じだ。

COLUMN

間違ったアレンジはサウンドを曇らせる

音楽制作にあたって、理論的に間違っているものなどない。良いと思ったものであればそれが正解だ。しかし、それはしっかりと自分に問いかけたうえでの話である。音をよく聴きもしないで〝あっ、これいいね〟と安易に決めてしてしまったような場合は、〝良いと思ったもの〟にはならないので、それは間違ったものであるかもしれない。

次の楽譜ⓐを見てほしい。シンセでメロディとハモリを、ピアノで伴奏を演奏したオーディオファイルも用意した。

⬇ ♪オーディオファイル cl-01

これはどう聴いても、作った人が〝良いと思ったもの〟であるとは考えられない。

楽譜ⓐ
ハモリ
メロディ
G
Csus4 C
伴奏
このハモリの「ミ」と伴奏の「ファ」が激しくぶつかっている。この不快な状態をオーディオファイル cl-1で聴いて確認してほしい

COLUMN

コードをこのままにするならアレンジを楽譜ⓑ（オーディオファイルcl-02）のように、ハモリをこのままにするならアレンジを楽譜ⓒ（オーディオファイルcl-03）のようにするべきだ。

⬇ ♪オーディオファイル cl-02・cl-03

楽譜ⓑ

楽譜ⓒ

驚くなかれ。これと同じようなアレンジがメジャーデビューしているアーティストの作品にも実際に見られることがあるのだ。

そしてここが重要なのだが、そういった曲では全体的に音が悪い。問題の箇所など聞くに堪えない。きちんとアレンジができていない曲は、全体の音が悪く聞こえるということだ。

担当プロデューサーが〝アマチュアっぽい音作り〟を意図的に目指したのかもしれない。しかしそれはプロの仕事ではない。本当のプロはアマチュアっぽい音作りを目指しながらも、次の時代へしっかり残せる音楽を作るものだ。

あなたが長くプロのクリエイターとして生きていきたいなら、音楽業界で使い捨てにならないよう、しっかりと自分を鍛えておく必要がある。

4 まとめ

第1章ではイメージの重要性を、第2章では制作環境の重要性を、続く第3章では自然界の仕組みから〝同じ音は2度繰り返さない〟ことを説明してきた。これら3つの章をあわせると次の事柄が見えてくる。これは本書のまとめともなる。それは

POINT!

「明確であれ」

ということだ。

たとえばギターの音を使うなら、その曲にあったギターの音のシミュレーションに全

力投球せよということ。そのパートをギターとしてイメージしたら、それが本物かどうか聴き分けられないぐらいのクオリティであることは当たり前であって、さらに曲調がぴったりあっていなければならない。そこに明確さが求められる。中途半端な音しか出せないならば、その音は使ってはいけない。

いわれてみれば当たり前のことだが、良い音を出せていない人はここのところが甘い。聴く人が音が明確かどうかを聴いているわけではないが、そういうあいまいな箇所が1ヵ所でもあれば、その曲はマイナス面ばかりが目立ってしまい、全体の印象として良い音には聞こえなくなる。

また一方で、それがギターとはわからないほどに音を変えてしまうのはアリだ。これもある意味で明確な音といえる。

アコースティックをシミュレートするのではない、シンセサイザー独自の音を出すときでも同じだ。その音を出すことに全力投球すべきで、ちょこちょこっと選んだ音は良い音には聞こえない。

もう一度186ページのシーケンスフレーズを振り返ってみよう。本書で作った音色のバリエーションだけでも5パターンあった。実際には無限の音色がある。それほどの可能性があるのにプリセット音を選んで、「あっ、これなかなかいいね！」とそれをそのまま使って良い音が出るわけがない。選んだ音がプロの何かの作品に似ていて、「これならイイ感じ！」と思って選んだりしていないだろうか。自分の作品に明確にマッチした音でなければならないのに、しっかりと吟味せずに音決めをしてしまっていないだろうか。ここのところに甘さがあると音は良くならない。

音作りを何もしていないシンセサイザーの素の音（**オーディオファイル15**）がダメなのではない。明確なイメージがあって、曲にあっていれば素の音もアリだ。アコースティック音であれシンセサイザーの未知なる音であれ、自分にしか出せない音を探求するように音作りに取り組んでこそ、聴く人を納得させられるような明確な自分の音、つまり良い音が出せるようになる。

本書を刊行するにあたって、ミュージシャンとして現役で活躍されている中伏木さん（作曲家・キーボードプレイヤー）に〝良い音について考えること〟というテーマでコラムを寄せていただいた。この章の締めくくりに、紹介したい。

COLUMN

良い音とは

中伏木 寛

良い音はHiFi[1]である必要があるだろうか?

小さいときから音楽が好きでピアノを習ったがクラシックのピアノ練習にはどうしても馴染めず、ビートルズの新鮮さに驚いてギターを弾きはじめた。それまでは良い音とは楽器そのものの音を忠実に再現できる環境だと思っていたが、ロックは違った。真空管のギターアンプのボリュームを最大にすると音が歪《ひず》む。その歪んだ音がドラムスと絡むととてもカッコいい。この音を歪ませることが「良い音」と解釈したことに当時発想の転換をすごく面白いと思ったものである。

1 high fidelity（高忠実度）の略。オーディオ機器で、再生される音が原音に忠実であること。

COLUMN

あれからロックは進化したのか退化したのか、テクノロジーの進化と相まってノイズまでを音楽の領域に取り込むことになった。歪む音がカッコいいと思う発想は我々に何をもたらしただろうか。

昔は子供たちの声はあまり気に触る音ではなかったように思う。人間は生まれて死ぬまで音を出す生物であるが、そのネイティブな音を毛嫌いするようになったのはいつごろからだろうか。

世の中はモーターサイクルやエレクトリックの進歩によって街の音が格段に増えた。そして自然の音を聞く機会が減った。街中では他の音をマスキングするためと、自分の好きな音楽を聴くためにイヤホンで音楽を聴きながら移動するのが普通になった。自然の音に耳をすませなくなった時点で人々は良い音がわからなくなってきたのではないだろうか。

京都市内の北のほうに住んでいると、いろいろな季節の音を聴くことができる。他の都市ではなかなか聴かれなくなった音を日常のなかで聴くことができる。

近くの中国系のお寺では330年法要とかでチベットから僧が住み込み、数ヶ月間朝から聴いたことのない笛？　ラッパ？　の音とともに数回のお勤めをしていた。また、別のお寺では六地蔵参りにあわせて昔から伝わる踊りと音楽が奏でられる。夏には祇園祭のコンチキチン、神社に行けばお賽銭とともに鐘や鈴を突く音。我家では「オ～さん」というのだが、修行僧の道行く声が至るところでどこからか聴こえてくる。また、近くの桶屋さんは朝早くから木槌を使いながら軽快な音を響かせる。

四方を山に囲まれ河の流れが作ってきた自然も音に恵まれている。鴨川のせせらぎの音は人々の安らぎとなり、四季折々の鳥や草木は朝早くからその季節を感じさせる音を伝える。秋ともなれば虫の声に辺り一面つつまれる。斯様に京都という地はゆったりした時間の流れのなかに音が各季節の重要なイメージを刷り込んでいる。

これらのネイティブな人間の音と自然の音に耳をすませて聴く習慣が、良い音の価値観をもう一度取り戻すことになるのではないか。

そしてちょっとだけ宣伝させてもらうと、Soud of KYOTO～すきま～[2]の音楽たちをタイムドメインスピーカ[3]から空気の振動として小さな音で環境音楽として聴くことは、良い音

2 ネット配信だけを行っているインストルメンタルミュージックのレーベル。
3 タイムドメイン理論をもとに作ったスピーカー群。

を聞き分ける訓練になると思う。

Apple Music や Spotify で１８００曲に上るそれらの音楽たちを聴いていただければ、心安らかに仕事をしてもらえると思う。また良い音とは、それぞれの体調と気分にあった音楽を聞き分けることだとも思う。

中伏木 寛（なかふしき・ひろし）

京都工芸繊維大学 工芸学部 電子工学科卒業。ＢＧＭ配給会社で環境音楽の制作・配給・配信を長年担当。大阪から全国発売していた月刊Ｊ－ＲＯＣＫマガジンのライターとして記事を2年半にわたって執筆。京都のミュージシャンを中心にヒーリング、グルーヴ系のインストルメンタル音楽を独自制作。約1800曲、123アルバムの音源を全世界に配信中。現在、京都精華大学ポピュラーカルチャー学部音楽コース 教授。

第4章
実際の制作過程を見てみよう

私はテレビ番組やイベント向けの派手な曲を作る一方で、心が穏やかになるようなリラクセーション音楽を多数作っている。それらの多くはCDとして発売されていて、これまで発売したフルオリジナルアルバムは120枚を超えるだろう。本書を書きはじめる前にも、CD《静かなおんがく》（発売：株式会社デラ、2016年11月25発売）を制作していた。本章ではこの《静かなおんがく》へ実際に収録した曲を使って、私がどのように音作りをしたか、イメージ作りから音作りまでの経過を詳細に書きたいと思う。

もちろん同じ音源やエフェクターをもっていなければ文章内に出てくる数値は参考にはならないが、どういったことを考えながら音作りをしているか、考える道筋は伝えることができると思う。また要所要所でオーディオファイルも用意したので、それらも活用してもらいたい。

まずはイメージ作りから

このCDのコンセプトは〝人のいない静かな湖水面のような穏やかな心〟だ。そこに葉っぱが1枚、ひらひらと舞い落ちたとしたら、それまで鏡のようだった水面を揺らして水紋となり、湖面に広がり渡るだろう。

そういった研ぎすまされた情景、静寂を音で捉えたいと思った。そのためにはギターがじゃら～んと聞こえたり、ピアノがアルペジオをはじめたり、ストリングスが流暢《りゅうちょう》なメロディを奏でたりしてしまってはダメだ。それでは賑《にぎ》やかすぎて人の気配をそこに感じてしまうだろう。

そこで考えたのが、減衰時間がとても長いピアノの音。減衰音の隅々までが聞こえるような極端に音数を減らしたピアノの音だ。実はその前の年に北海道のオンネトー湖へ行ったのだが、それがイメージの原型となっている。

次は音源の選択

このイメージを実現するピアノ音源は何か。私がもっている音源は第２章でも紹介したとおり、Ｓ２０００用のサンプリング音源 The Ultimate Piano

Collection、MicroPiano、ソフト音源のSTEINWAY VIRTUAL CONCERT GRAND PROFESSIONALとSYNTHOGY社のIvory II、それにVienna社のImperialの5種類。Ｓ２０００とMicroPianoの2つは今となっては古い音源なので、特別な用途でなければ使わない。そのため残りのソフト音源のなかから選ぶことになるが、STEINWAY VIRTUAL CONCERT GRAND PIANO PROFESSIONALは乾いた感じの音なので今回のコンセプトにはあわない。またIvory IIは明るい音がするので、これもやはりコンセプトにはあわないだろう。

そこでImperialの登場だ。この音源は第2章にも書いたように、Bösendorfer社のModel290という巨大なピアノをサンプリングしたものだ。だから持続音が長い。《静かなおんがく》を作るよりもさらに1年前、ＣＤ《至福の眠りの音楽》を作る際、眠りの音楽の曲調にあうと思って導入した音源だ。今回もこの音源を使用することに決めた。

音作り

ＤＡＷ（私はDigitalPerformerを使っている）を起動し、Imperialをプラグインとして立ち上げる（上図参照）。

画面中央に並んでいる［Colse］、［Player］、［Distant］はマイクの位置を表している。名前からもわかるように、［Colse］はピアノに接近した位置、［Player］は演奏者の位置、［Distant］はピアノから離れた位置。この3つの収録ポイントから選択可能だ。

［Distant］ではホールの空気感もいっしょに再現される。今回の曲では音を長く延ばしたいのでそれを選択するのもいいと思ったが、音を延ばすためにはリバーブをしっかり

かけたい。その場合、ピアノ音源からのもとの音がよりアタックがしっかり聞こえる（ピアノに接近した）音のほうがリバーブのかかりがよいので、［Close］を選ぶことにした。

まず、音を聴いてもらおう。

⬇
♪オーディオファイル22

間隔を空けてベロシティの違う単音を2回演奏している。1回めに聞こえる音のベロシティは〝85〟、2回めは〝71〟。音の印象がだいぶ違う。この曲ではベロシティは全体的に低めにしたほうがイメージにあう。ベロシティも音色作りの重要なファクターとなる。ここで曲調とはあわないベロシティ範囲で演奏してしまっては、音源のいいところをうまく引き出せない。

また**オーディオファイル22**をよく聴くと、ピアノの音が出る前に、ペダルを踏んだときの〝シャーン〟という音が聞こえ、ファイルの最後のほう、25秒あたりではペダルを上げたときの〝トン〟というような音も聞こえる。

次にImperialで細かい設定をおこなう（左ページ図参照）。

画面右側にいくつかの重要なパラメーターがある。

一番上の［Reverb Type］（①）では文字どおりリバーブのタイプを選ぶ。空間の広さを基準に選ぶが、デフォルトでは［Medium Hall］となっている。今回の曲では広い空間を再現したいので、［HugeHall］を選ぶことにした。

その下の［Reverb Amount］（②）はリバーブ量を決めるパラメーターだ。デフォルトの［-15.4］から少し増やし、［-11.9］にした。［-11.8］や［-12］ではなく、なぜ［-11.9］なのか。これは音を出して聴いたときの〝カン〟でしかない。［-11.9］にしたときに、〝あっ、これいいね〟と思ったのだ。0・1

違っても実際にはほとんど音に影響はないと思うが、そういうカンが働いたときは［−12］では少なく感じるし、［−11.8］では多く感じる。こういったカンは大切にするべきだと思う。

またもし迷ってしまった場合も、［−11.8］がいいか［−12］がいいかなどというところであまり長く時間をかけてはいけない。第1章で書いたように、サクッと音を決めてしまったほうがいい。適当でいいというのではない。少なくともそのときは〝あっ、いいね〟と思ったのだ。それが制作を楽しいものにして、上昇モチベーションを生み出す（23ページ）。

POINT!

「系統立てて考える一方で〝カン〟も必要。両者のバランスが重要だ」

次のパラメーターはダイナミクスだ（③）。ベロシティにどのくらい反応するかを決定するためのもの。これは使うＭＩＤＩキーボードのクセとも関連するが、要はキーボードを弾いたときに自分のフィーリングにあった強弱で聞こえればいい。私はこの音源ではいつもデフォルトのままにしているので、変更は加えなかったはずだが、執筆するにあたって確認したところ、デフォルトの［60］から［55・5］に変更していた。ダイナミクスにおける〝4・5〟の違いはほとんど差はないと思うが、いろいろ試してみた結果だったのだろう。

4つめの［Sympathetic］（④）は、弦の振動が他の弦をどれくらい共鳴させるかをコントロールするパラメーター。ここを大きくすれば豊かな響きの音になるが、豊かといってもそれはほんの少しの違いだ。響きについては、ピアノ以外の音色の助け（後述）をもらおうと考えはじめていたので、ここでは響きを特に強調する必要がないと考えてデフォルトのままにした。

5つめの［Pedal Noise］（⑤）はペダルを踏んだときのノイズ音量をコントロールするパラメーター。オーディオファイル22の最初と最後に聞こえた音だ。これらのノイズはあったほうがリアルなピアノの音になるのだが、今回の曲のように音が少ない静かな曲では邪魔になるので、一番下まで下げてまったく聞こえないようにした[1]。

1 実は当初、ノイズを少し混ぜた設定にしていたのだが、デモを聴いたディレクターからノイズ音はないほうがスッキリするとの意見があり、完全に取ったという経緯があった。

一番下の［Stereo Width］（⑥）は左右の広がりをコントロールするパラメーターだ。これは特別な意図がない限りデフォルトの［100］でOKだ。また、81ページにも書いたように、全体のピッチを［440Hz］ではなく［441・5Hz］にしたほうが他の楽器とあわせたときにきれいに聞こえた経験があるので、ここでもそのように設定した。

画面左側にあるトランスポーズなどは、通常の使用ではデフォルトのままでOK。最後に1つ、画面右下の［UC］（⑦）はウナコルダ（81ページ）のON／OFFを表す。これを機能させるためにウナコルダ用の音色を読み込んでおいた。

以上で Imperial の設定は終了。

次にソフト音源を立ち上げたときに私がいつも併用する Pulse-Tec EQs（イコライザー）をここでも立ち上げた。

113ページにも書いたように Pulse-Tec EQs はただ挿入するだけでイコライザーの設定は何もしない。何もしなくてもこのプラグインエフェクターの仕様なのだろう、音がほんの少し変化する。

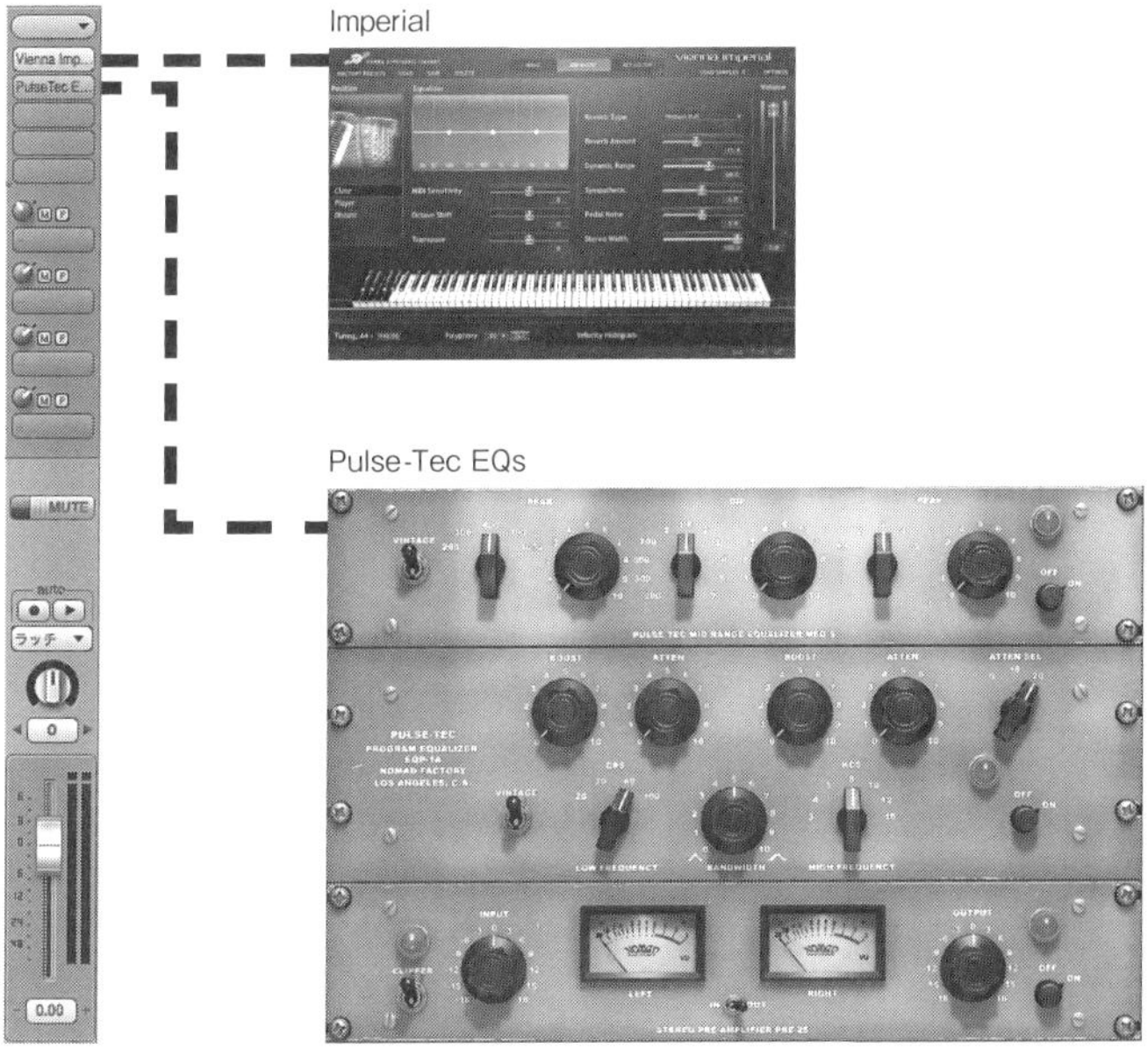

ここまでの状態をオーディオファイルにしたので、先のオーディオファイル22と聴き比べてほしい。

↓ オーディオファイル23

Imperialを読み込んだだけの22から、Imperial上で若干の設定をし、さらにPulse-Tec EQsを挿入したことで音がどのように変わっただろうか。

その違いを文章で書くのはなかなか難しいが、22に比べピアノを取り囲むような空気感が増したような音になったと私は思うが、どうだろうか？　この違いは本当に少しなので、リスニング環境によってはわからないかもしれない。ヘッドフォンのほうがわかりやすいだろう。

しかし、イメージの音とはまだまだかけ離れている。もっと余韻が欲しい。それにはリバーブを使う。

Imperialにもリバーブは内蔵されていてこの曲でもすでに解説したように使っているが、それは下ごしらえのようなもの。この曲ではもっと長いリバーブ音が必要なので、プラグインエフェクターのTrueVerbとハードウェアエフェクターのPCM90の2つをかけることにした。

TrueVerbはAUXトラック上に置いて、左ページ図のように接続。

TrueVerbの設定は図のように設定した。特に見ていただきたいのは［DecayTime］だ。これはリバーブタイムを意味する。通常、リバーブタイムは2秒とか長くても3秒ぐらいだが、なんと11・1秒に設定した。リラクセーション音楽はポピュラー系の音楽よりリバーブタイムを長くする傾向にあるが、それでもこれほど長いリバーブタイムは

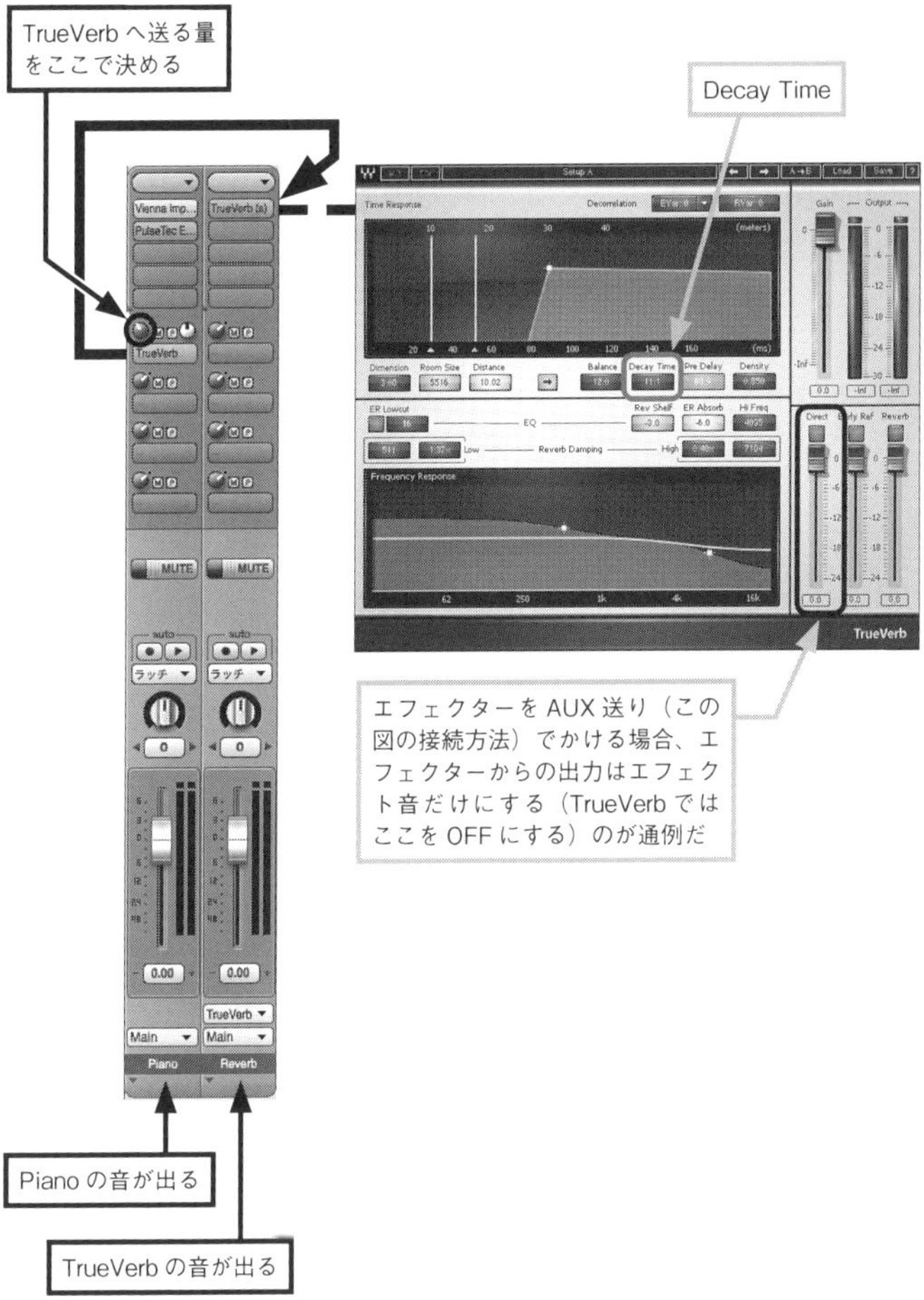
TrueVerb へ送る量をここで決める
Decay Time
エフェクターを AUX 送り（この図の接続方法）でかける場合、エフェクターからの出力はエフェクト音だけにする（TrueVerb ではここを OFF にする）のが通例だ
Piano の音が出る
TrueVerb の音が出る
MUTE
Main
Piano
Reverb
TrueVerb

特殊なケースといえるだろう。

ここまでの音をオーディオファイルにした。23に比べ余韻がだいぶ延びていることがすぐにわかるだろう。

⬇♪オーディオファイル24

次にPCM90をかけることにする。

ハードウェアエフェクターなので物理的にPCM90を接続しなければならない。基本的には135ページの図と同じだ。私が使っているミキサーはYAMAHAのO2R。そのO2RとPCM90をAUX OUTとAUX IN[2]で接続し、リバーブを得る。

ここでも特筆すべきはリバーブタイムだ。11・44秒に設定した。ずいぶん微妙な数値のように見えるが、このPCM90のリバーブタイムは11・44秒より1段階短くすると9・471秒だし、1段階長くすると14・41秒にしか設定できない。大まかなようだが、細かいことを考えずにサッと決められるので、かえっていいのかもしれない。

2 O2RにはAUX INがないので、通常のチャンネルにインプットした。

先のTrueVerbを使ったうえに、さらにこのPCM90のリバーブを加えた音だ。

⬇
♪オーディオファイル25

リバーブが深くかかって余韻が長く聞こえるようになったが、まだ私のイメージの音にはなっていない。そこで、減衰音の補佐のためにエレピを足すことにした。

エレピ音色はさまざまな種類が出回っている。私がもっている音色だけでも数えきれない種類がある。そのなかからどれを選ぶかだが、ピアノ音を補うようなエレピにしたいので柔らかい音がいい。また、アタック音があってはダメだろう。ピアノのアタック音とバッティングしてしまうからだ。

POINT!
「音色選びはデパートで服を買うようなもの」

よく行くお店というものもあるかもしれない。また、直感で入ったお店で決めるということもあるだろう。いずれにしてもデパートのなかのすべての服のなかから選ぶのではなく、ある程度限られたなかで選んでいる。

音色選びも同様で、お気に入りの音源のなかから、あるいは気分を変えて直感で選んだ音源のなかから選ぶようにする。手持ちの音源全部のなかから選ぼうとはしないほうがいい。全部の可能性のなかから選んだほうがよさそうに思えるが、曲の制作時にそれをすると、音色選びにばかり時間を取られ、肝心の制作モチベーションが下がってしまう。それより、〝この音源から選ぼう〟と範囲を決めてさっさと音色を選んでしまい、あとはその選んだ音色を自分が気に入るように編集するほうがいい。

極端にいえば、

POINT!

「どんな音色を選んでも自分で編集加工してイメージにあう音にしてしまえばいいのだ」

それができるようになるためには第1章でも書いたとおり、音色パフォーマンスの高い音源を日ごろから揃えておくほうがいいし、音色エディットのスキルも身につけておかなければならないというわけだ。

私はここでReasonという、DAWとシンセサイザーとエフェクターが一体化したようなソフトのなかからエレピ音色を探すことにした。

Reasonのなかだけでも多くのエレピ音色があるが、そのなかからいくつかの音色を聴いてイメージに近い音のエレピを選ぶ。その結果、以前も使ったことのある[Ambient Bamboo Valley]を曲のイメージにあわせて編集することにした。

編集前のもとの音をオーディオファイルにしたので聴いてほしい。音色の特徴がわかるように単純な音階を演奏している。

⬇♪オーディオファイル26

[Ambient Bamboo Valley]にはアタック音が多少あるのでそれを削って、余韻のなかに聞こえる奇妙なエフェクト音(オーディオファイル26の4秒あたりから小さい音で右

チャンネルを中心に聞こえる音）を取り、余韻の感じを調整すれば、イメージにあう音になりそうだ。

POINT!

「編集することを前提に音色選びをする」

これが音色選びに時間をかけずに出したい音を出すためのコツだ。

Reasonの画面を見てみると、この音色は［SUBTRACTOR］と［MALSTROM］という2つのシンセサイザーをミックスして作られていることがわかる（左ページ図参照）。アタック音はどちらのシンセから出ているのだろうか。

片方ずつON／OFFを切り換えて聴いてみると、［MALSTROM］がアタック音を出していることがわかった。また気になるエフェクト音もこの［MALSTROM］から出ているようだ。それなら簡単で、［MALSTROM］をOFFにしてしまえばアタック音も奇妙なエフェクト音もカットできる。

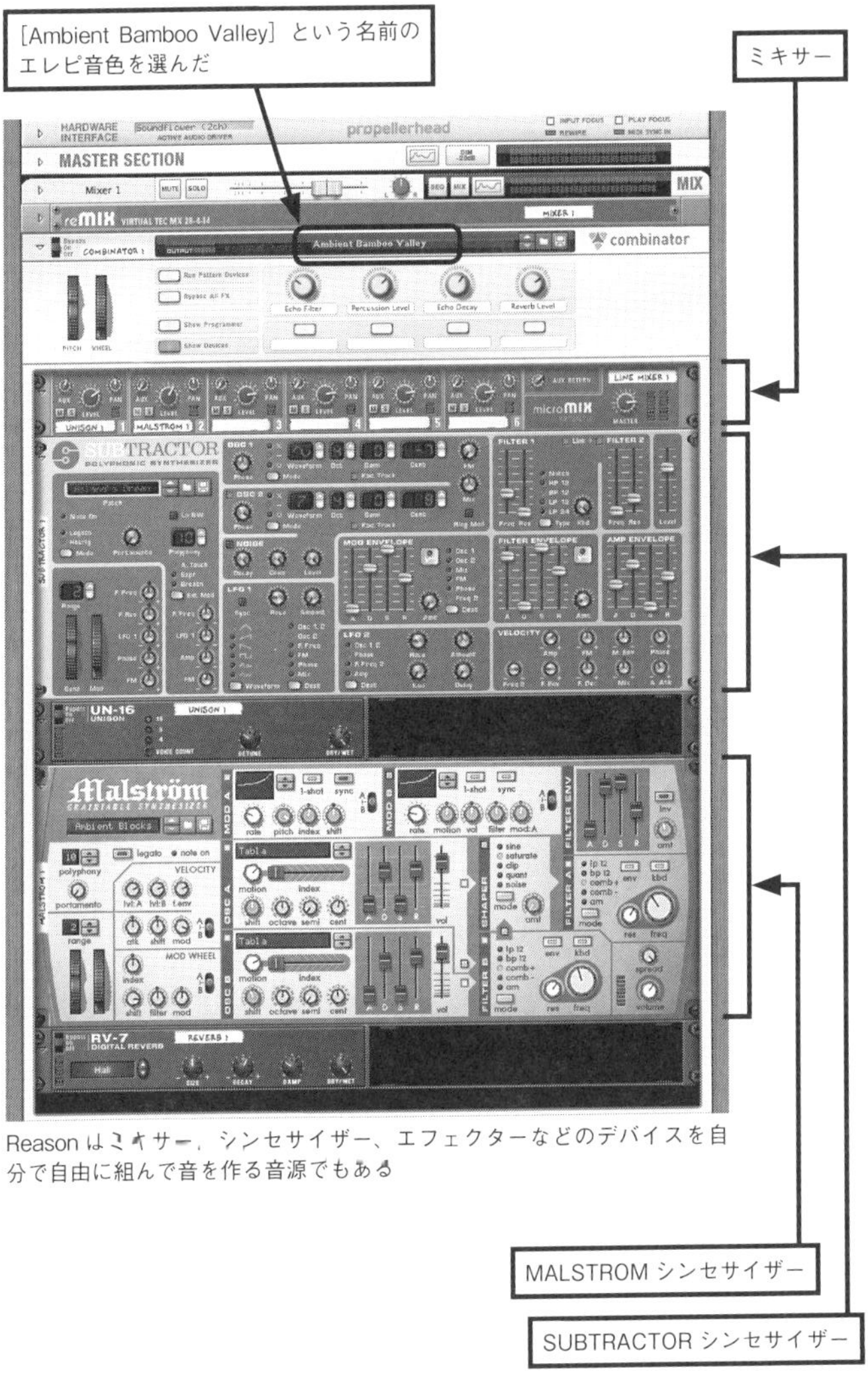

Reason はミキサー、シンセサイザー、エフェクターなどのデバイスを自分で自由に組んで音を作る音源でもある

ここまでをオーディオファイルにした。修正したアタック音と余韻を確認してほしいので、26とは違い単音のロングトーンにした。

⬇ オーディオファイル27

次に編集するのは余韻だ。鍵盤を押さえたままにして音を聴くと、イメージ以上に横ばい（音量があまり下がらない）に聞こえるところがあって、イメージしているような長い時間をかけてゆっくりと減衰しているようには聞こえない（左ページ図A参照）。

そこで［SUBTRACTOR］のシンセサイザーパラメーターで余韻を編集する。余韻をコントロールするには、エンベロープジェネレーターのディケイタイム、サスティンレベル、リリースタイムを調整すればいい（左ページ図B参照）。

音色を選んだとき、エンベロープジェネレーターは図Cのようになっていたが、音を出しながら調整した結果、図Dのようになった。これでイメージどおりの余韻になった。サスティンレベルを〝0〟にすることで音量が横ばいに聞こえないようにし、それにともないディケイタイムも若干修正したのだ。そのオーディオファイルは28。

⬇ オーディオファイル28

図A

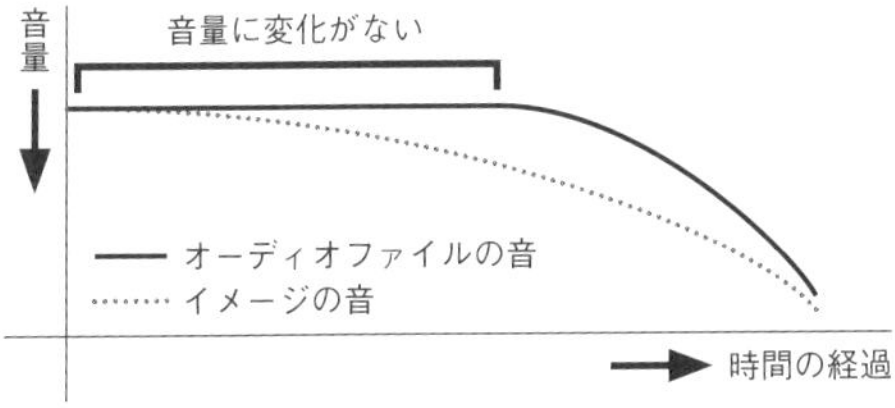
音量
音量に変化がない
オーディオファイルの音
イメージの音
時間の経過

図B　SUBTRACTOR

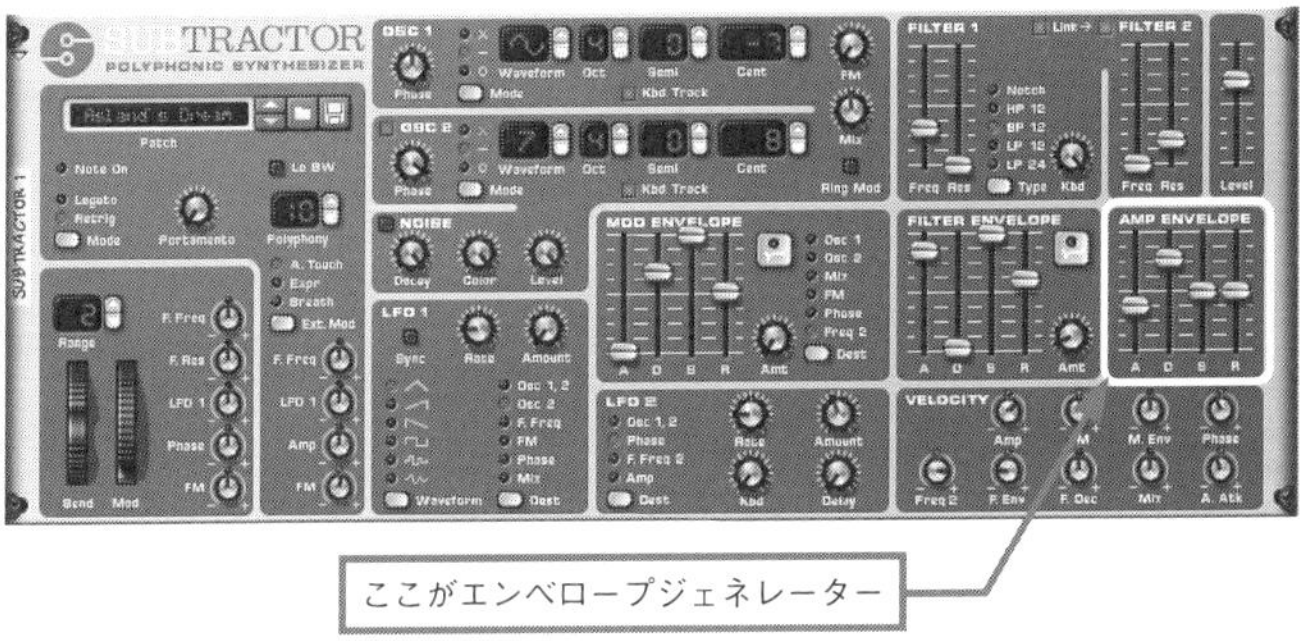
SUBTRACTOR
POLYPHONIC SYNTHESIZER
AMP ENVELOPE
ここがエンベロープジェネレーター

図C

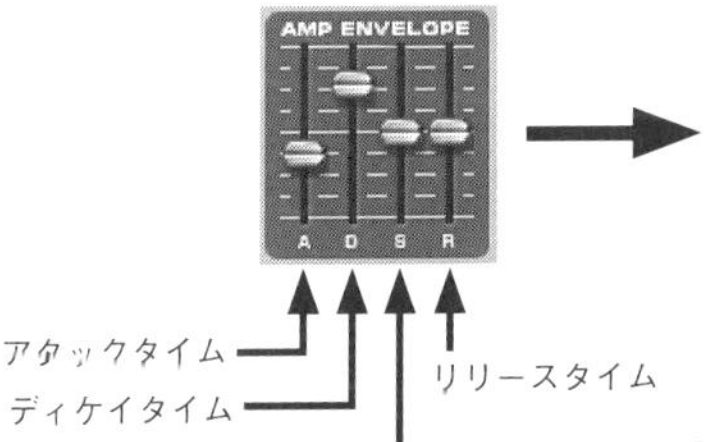
AMP ENVELOPE
A
D
S
R
アタックタイム
ディケイタイム
サスティンレベル
リリースタイム

図D

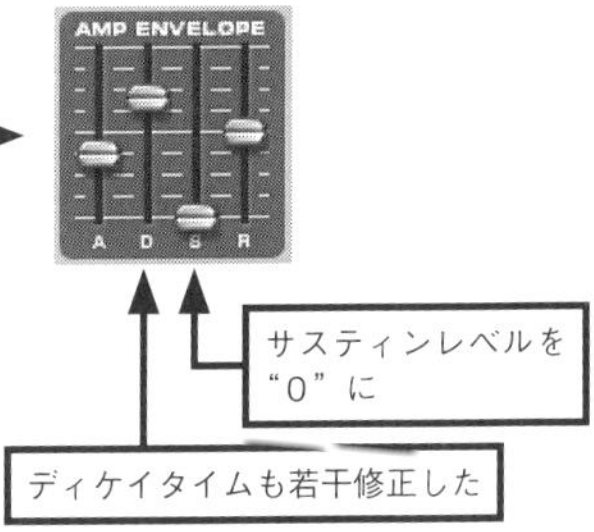
AMP ENVELOPE
A
D
S
R
サスティンレベルを“0”に
ディケイタイムも若干修正した

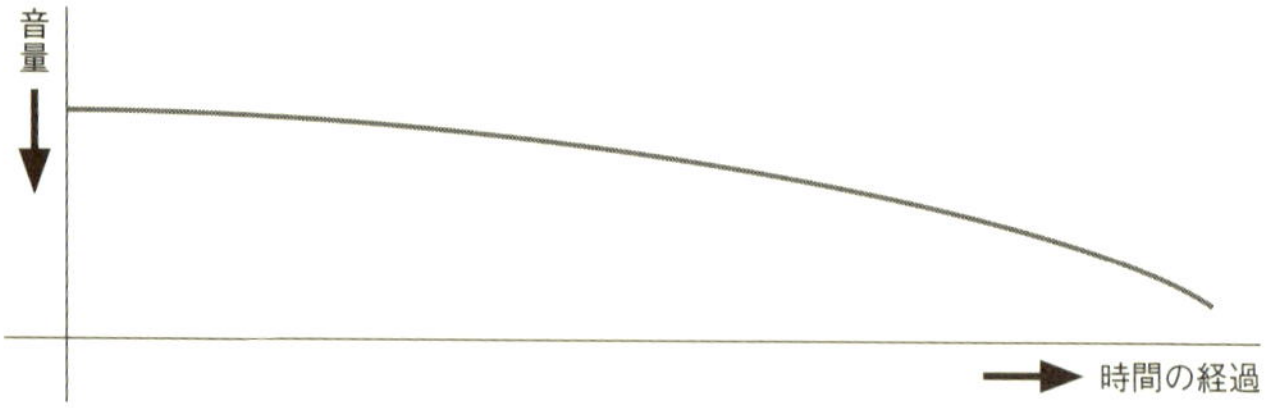

エレピ音色の編集はさらに続く。

今度はＤＡＷでエフェクターをかける。実際にかけたエフェクターと、どんな効果を狙って使ったかを次に説明しよう。

Reasonから送られてきたエレピの音は、まずRenaissance Compressor（WAVES社）というコンプレッサーに送ることにした（左ページ図参照）。音を長く延ばすためにはコンプレッサーが有効だからだ。私は自然な感じの圧縮効果を得たいときにはこのRenaissanceCompressorを使うことが多い。今回もこれを選んだ。最終的なイメージは、上図のように、前ページ図Ａに示したイメージの音よりもっとなだらかな減衰だ。

Thresholdは［-19.7］となっているが、もともとReasonからはマイナス10程度の信号しか来ていないので極端なエフェクト設定ではない。また、Ratioは［2.49］となっているが、これも強いエフェクトの掛け方ではない。強くコンプレッサーをかけると、

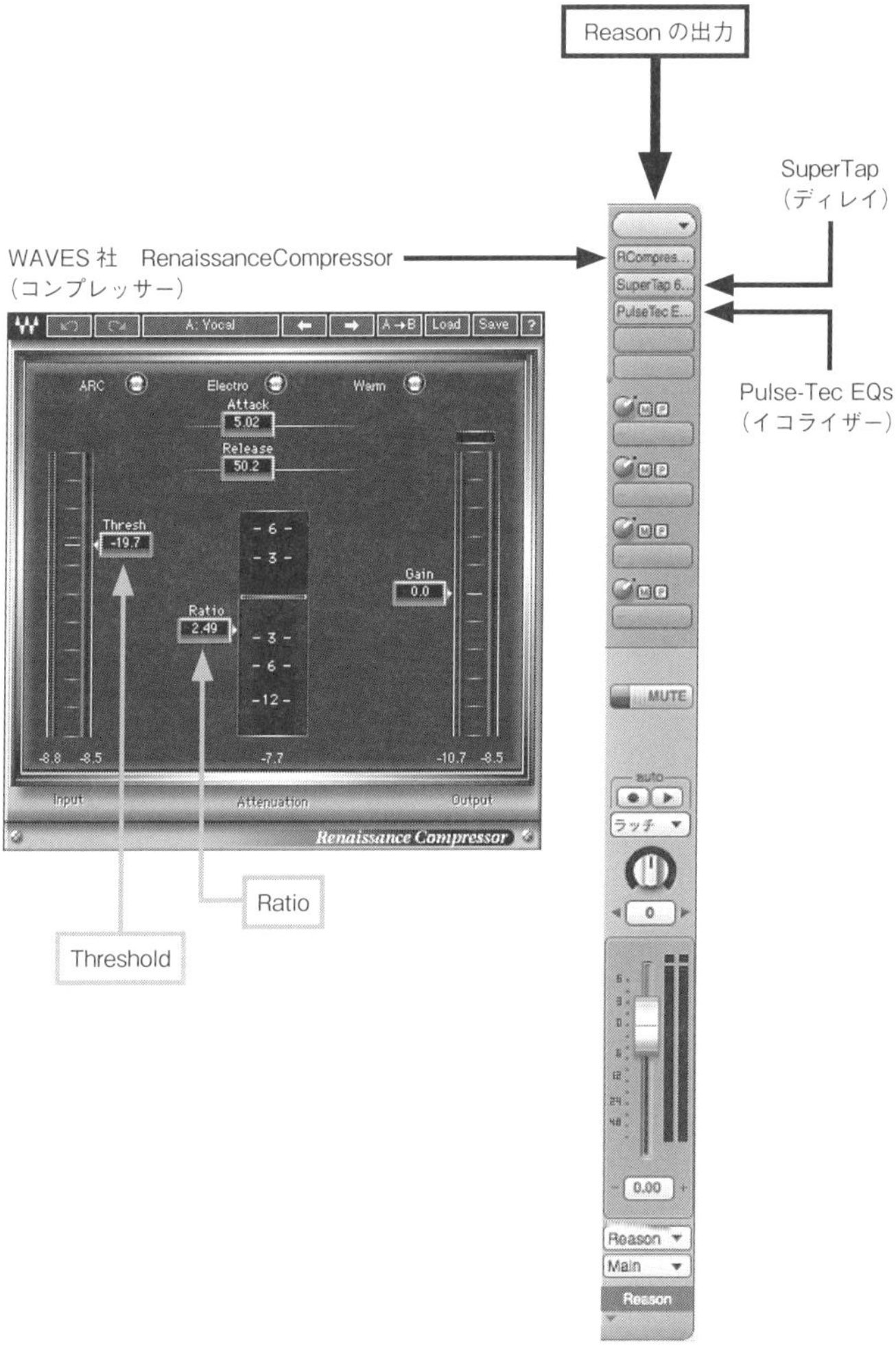
Reason の出力
SuperTap
（ディレイ）
WAVES 社　RenaissanceCompressor
（コンプレッサー）
Pulse-Tec EQs
（イコライザー）
A: Vocal
Load
Save
ARC
Electro
Warm
Attack
5.02
Release
50.2
Thresh
-19.7
Gain
0.0
Ratio
2.49
Input
Attenuation
Output
Renaissance Compressor
RCompres...
SuperTap 6...
PulseTec E...
MUTE
auto
ラッチ
0.00
Reason
Main
Reason
Ratio
Threshold

減衰が長くなりすぎてレベルが平らな場所ができてしまう。

※コンプレッサーの使い方については専門の本を参考にしてほしい。次のディレイについても同様だ。

コンプレッサーの次にSuperTap（WAVES社）をかけることにした。これはディレイを得るためのエフェクターだ。

水紋は1つだけできるのではない。湖面に落ちた葉っぱは揺れていくつもの水紋を作るだろうし、ゆっくりと広がった水紋は岸で反射して新しい水紋を作るだろう。その幾重にもできる水紋を表現するにはディレイがぴったりだろうと考えたからだ。

このエフェクターは見た目にも水紋を表すようなデザインになっている。左上に見える●はディレイの位置関係を視覚的に表している。野球のグランドに引かれている白いラインのように見える左右に伸びる斜線は、ディレイの左右への広がりを表している。もとになる音、つまりドライ音は、野球でいうと2塁の場所だ。そこから離れるほど、左右に、また距離も遠のいていく。たとえば左ページ図中Ⓐの音は少し左側に少し大きい音のディレイ音となるし、Ⓑの音は右に寄った音で聞こえ方はかなり小さくなる。

このように設定することで、あたかも自分の位置から水紋が発せられ、左右に広がっ

WAVES 社　SuperTap

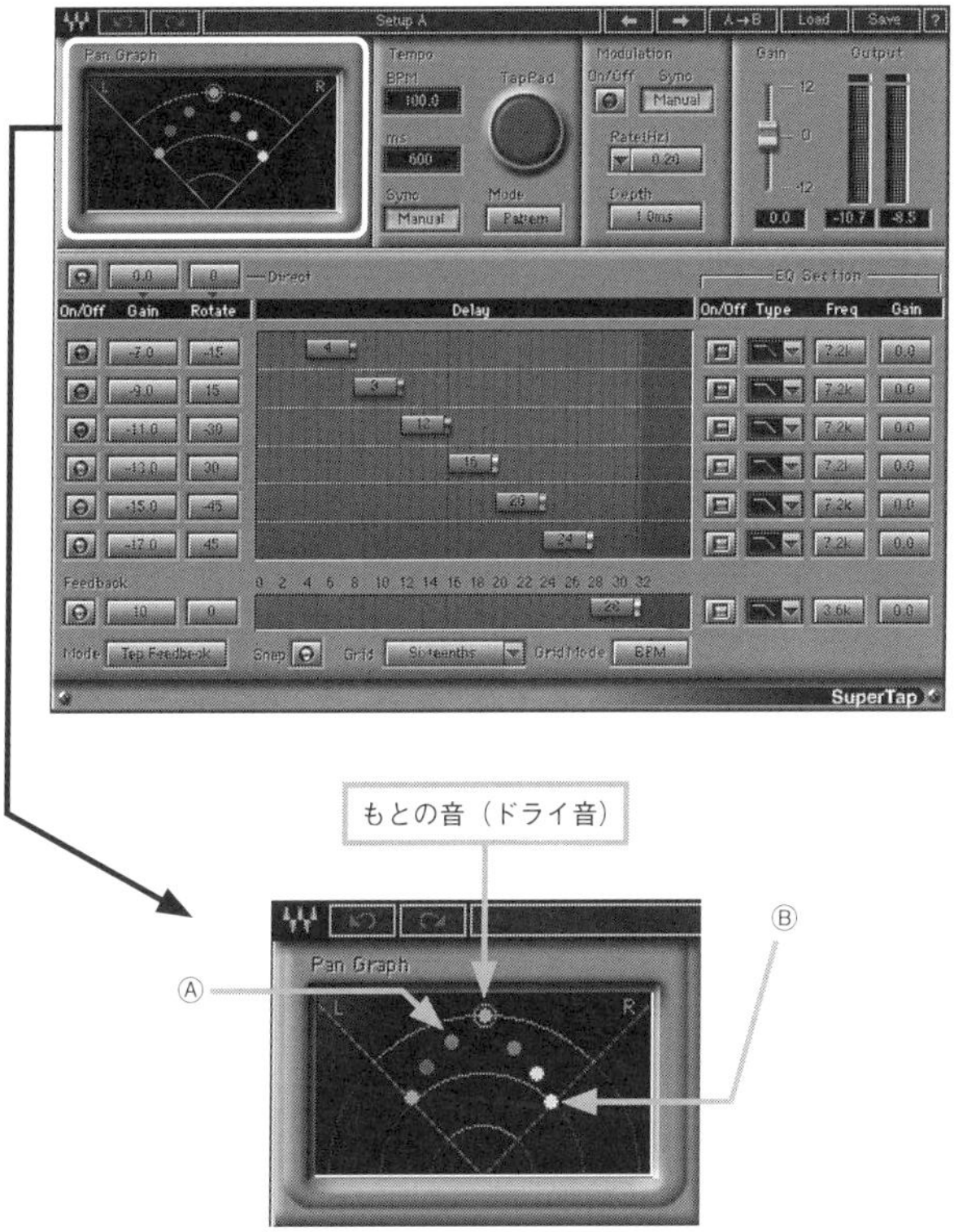

Pulse-Tec EQs

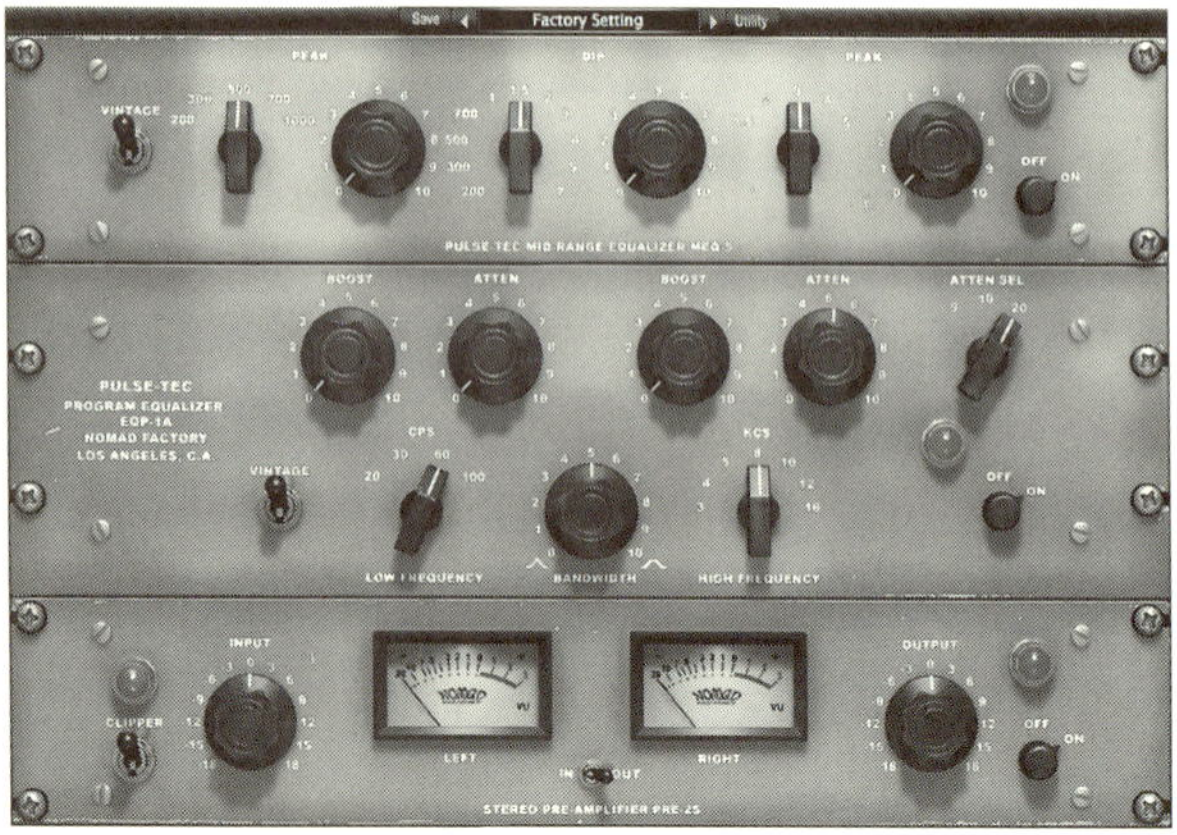

ていくような感じが演出できるだろうと考えたのだ。

ディレイの次には私がいつも使うPulse-Tec EQs（イコライザー）を使った。ただし、いつもはこのエフェクターはつなぐだけなのだが（113ページ）、今回は高音域がギラギラしすぎるのをおさえる用途にも使った。ディレイを使ったことで高音域が耳につくような音になったので、イコライザーで修正しようと考えたのだ。

高音域のアッテネータ（ATTEN つまみ）をもち上げると高音域がサッとおとなしくなってくれる。Pulse-Tec EQs はこのようにサッと必要な効果を得られるところがすばらしい。

音作りの最後に、ピアノ音色と同じようにＰＣＭ90でリバーブをかけてエレピ音色は完成した。そのオーディオファイルだ。[3]

⬇オーディオファイル29

音の特徴がわかりやすいように、短いスケールと、単音とで演奏してある。２２４ページ図のような音になっていると思うがどうだろう。

ピアノとエレピのミックスバランスを決めなくてはならない。バランスが違えば全然違った音に聞こえる。その曲がどんな音域、フレーズかによって最適なバランスは変わるのでミックスバランスを調整しながら、※次ページ楽譜16のように出だしのフレーズを作った。

※バランスだけではなく、これまで決めてきたさまざまなパラメーターも曲にあわせて再調整しながらおこなう。

3 文章ではパラメーターの設定を順番に説明するしかなかったが、実際の編集作業はさまざまなパラメーターを行き来して調整している。たとえば、エレピのディケイタイムを調整してコンプレッサーのパラメーターを調整し、またディケイタイムに戻って調整して……という具合だ。１つのパラメーターは他のさまざまなことに影響するので、１つを変えたら、それにあわせて他のパラメーターも修正することは当然の編集作業だ。

楽譜16
CDアルバム《静かなおんがく》の1曲め
《ひとしずく、広がってゆく波は遥かに》の冒頭部分のメロディ

今回のアルバムのコンセプトは極限まで音数を減らした「静かなおんがく」を作ること。ここに書いた音以外の、たとえばベースだとかハーモニーだとかのパートは一切入れない。このメロディだけで勝負する。

また、テンポはＢＰＭ＝38。この楽譜の部分だけでも2分弱ある。2分間に音が19個しかない。つまり30秒につき5音程度しかないことになる。※驚異的な音数の少なさになりそうだ。

※アルバム全体では30秒につき4音。

これをリアルタイム入力で入力した結果は、２３２ページのピアノロールで見てほしい。

ただ、最初からこのメロディができあがったのではなく、はじめは違うメロディだった（２３３ページ）。音符もそうだが、強弱などさまざまに変更してイメージにあうメロディを模索した結果がこのメロディというわけだ。

232ページのピアノロールを見てほしい。

まず、この曲は小節線にあまりとらわれていないことがわかる。フレーズの最初のほうは小節線に近いところに音符があるが、右ページの楽譜16と見比べるとわかるが、後半のほうでは小節線とはかなり違うタイミングで音符が入力されているのがわかる。水紋のような情景ではBPMにぴったりとあわせたメロディが聞こえるのでは不自然だからだが、何よりもリアルタイムで弾いたときのフィーリングが重要だ。

また、ベロシティは全体的に低い。

冒頭の3音のなかにこのフレーズのなかの一番大きいベロシティがあるが、それでもベロシティは〝67〟。一番小さい最後の音のベロシティは〝14〟だ。最初、葉っぱがひらっと湖面に落ちたところが冒頭の3音でベロシティも一番大きく、水紋が広がって遠くへ行くようにベロシティもだんだん小さくなっていくといいと思った結果だ。

完成したメロディ

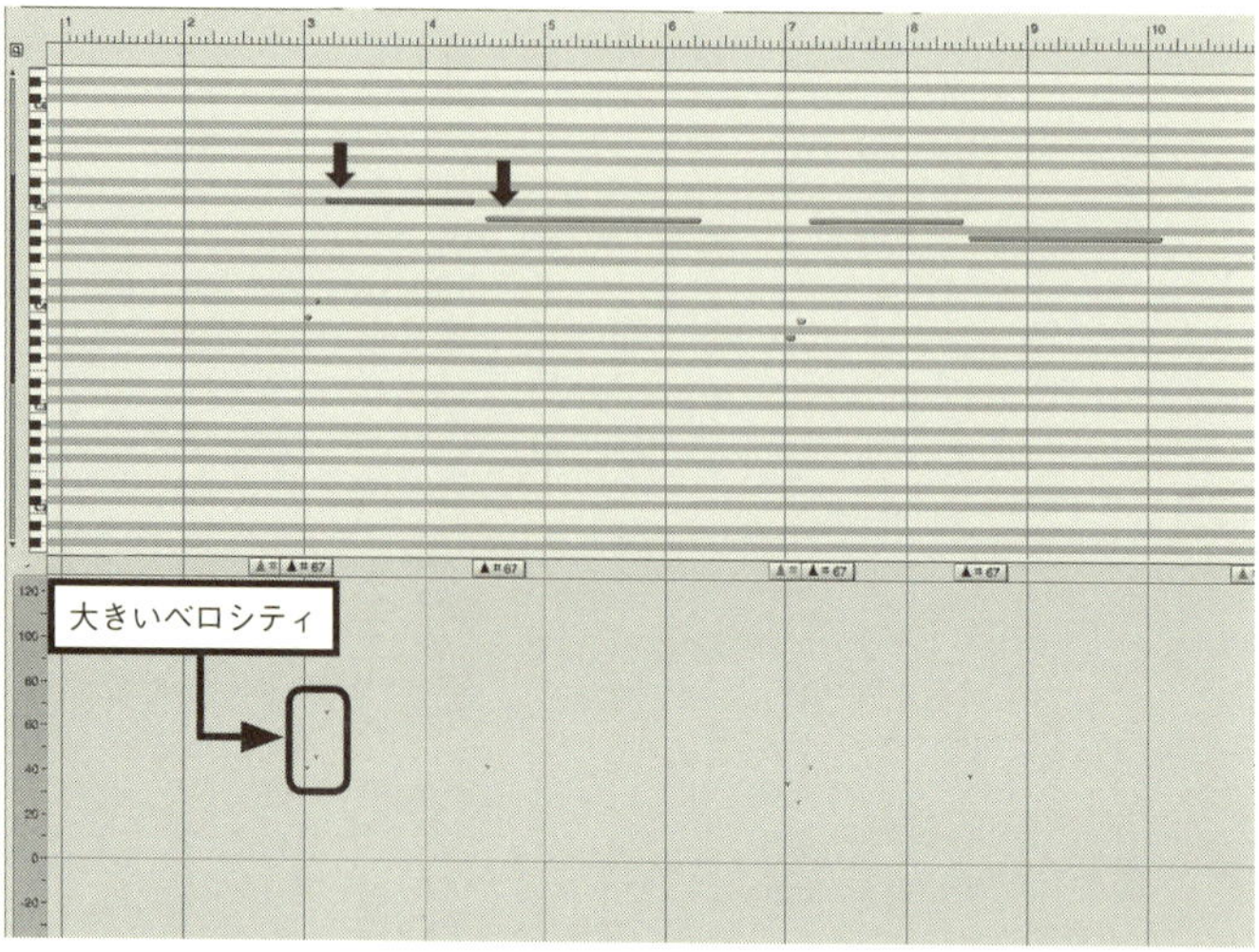

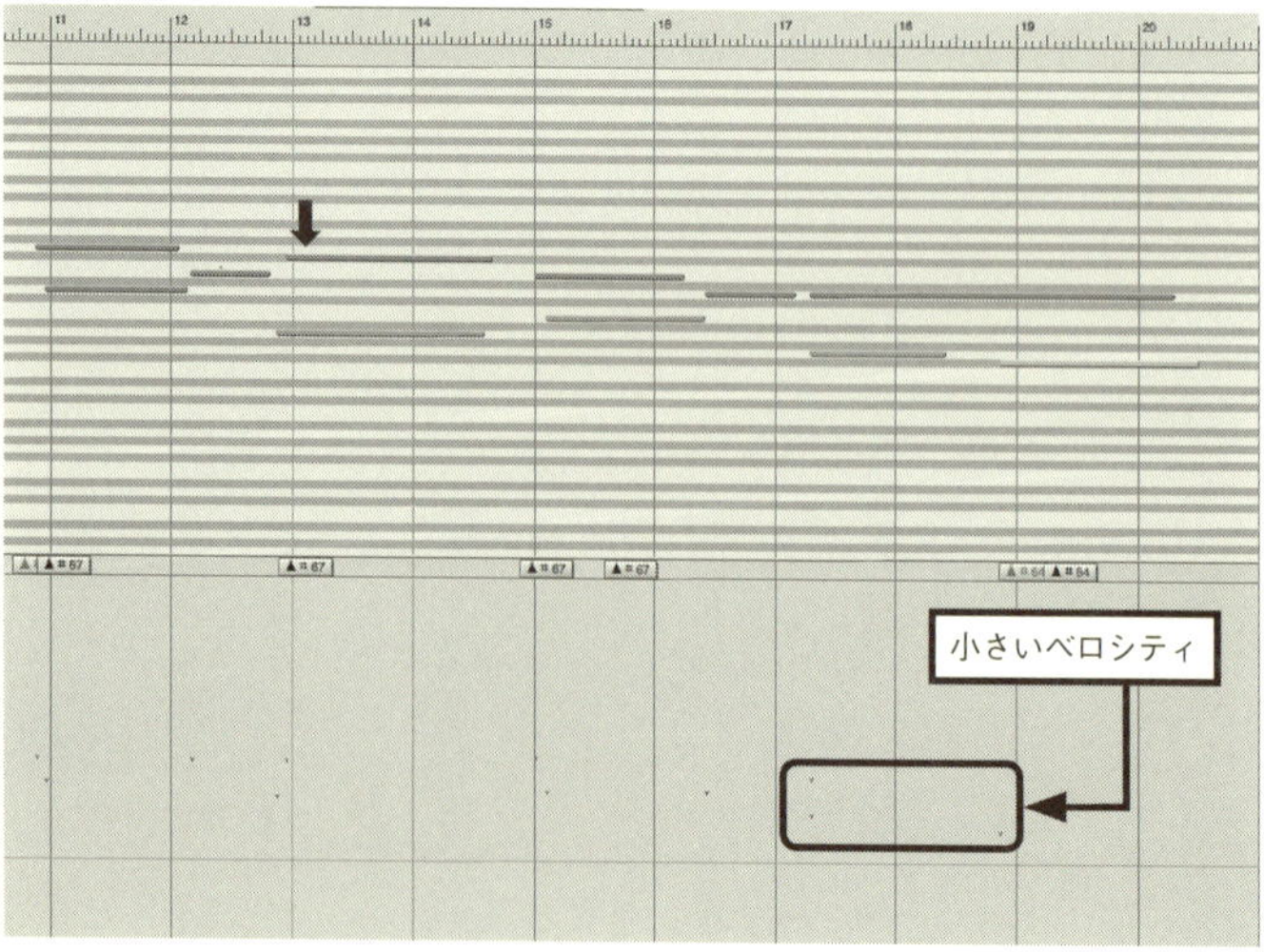

最初のメロディ

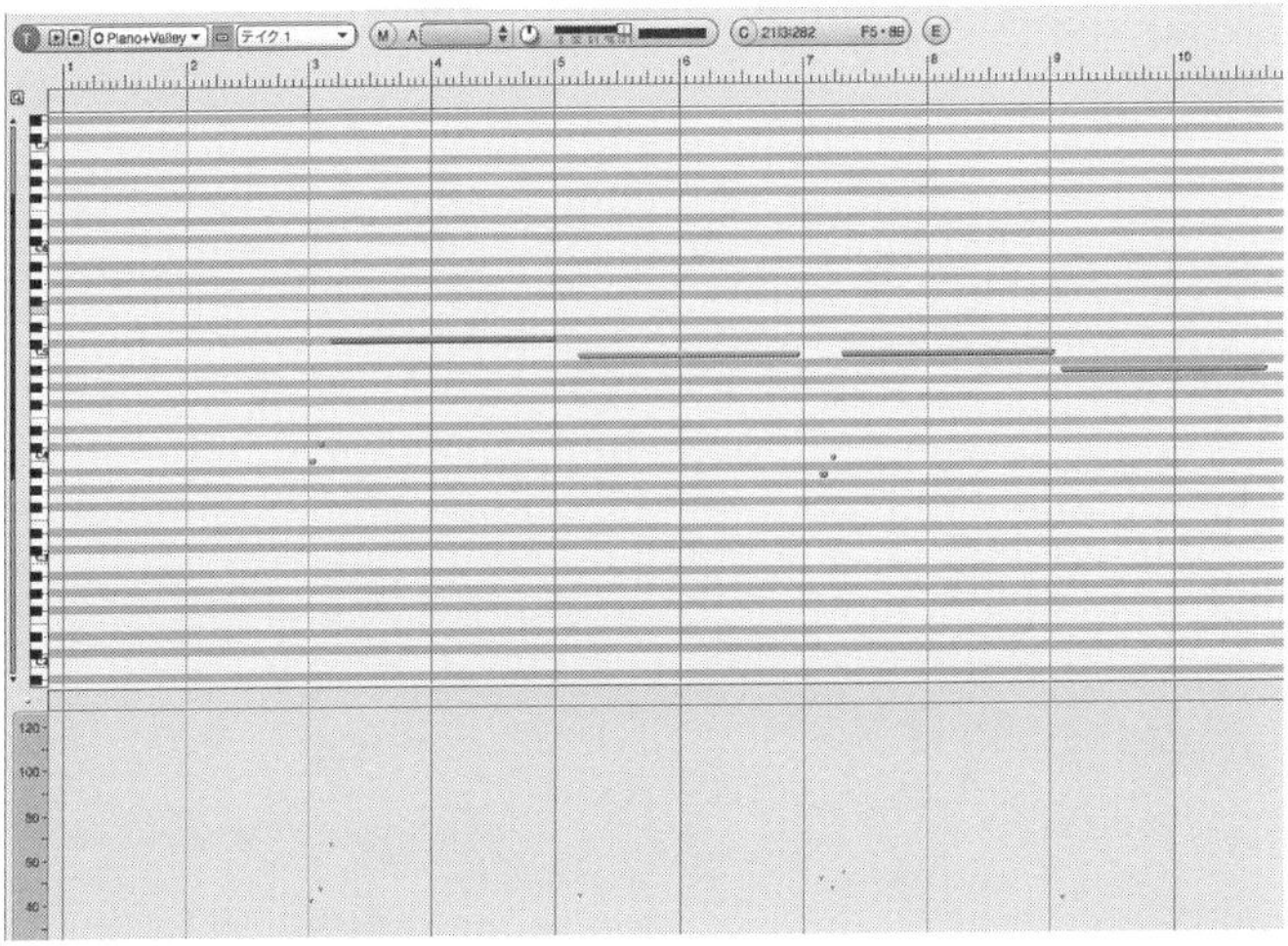

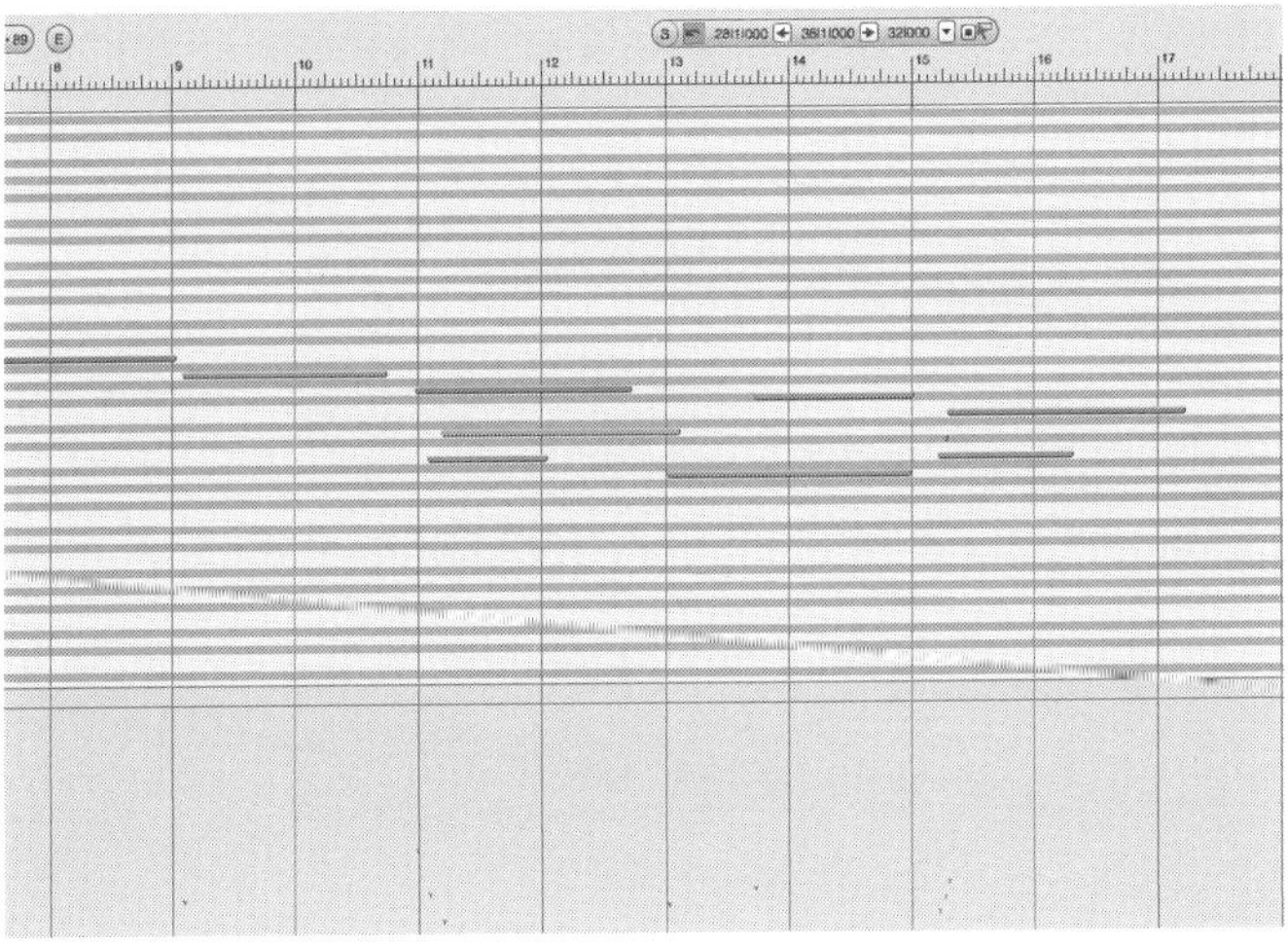

メロディを作りながら決めたピアノとエレピ音色のバランスは、次のミキサー画面を見てほしい。

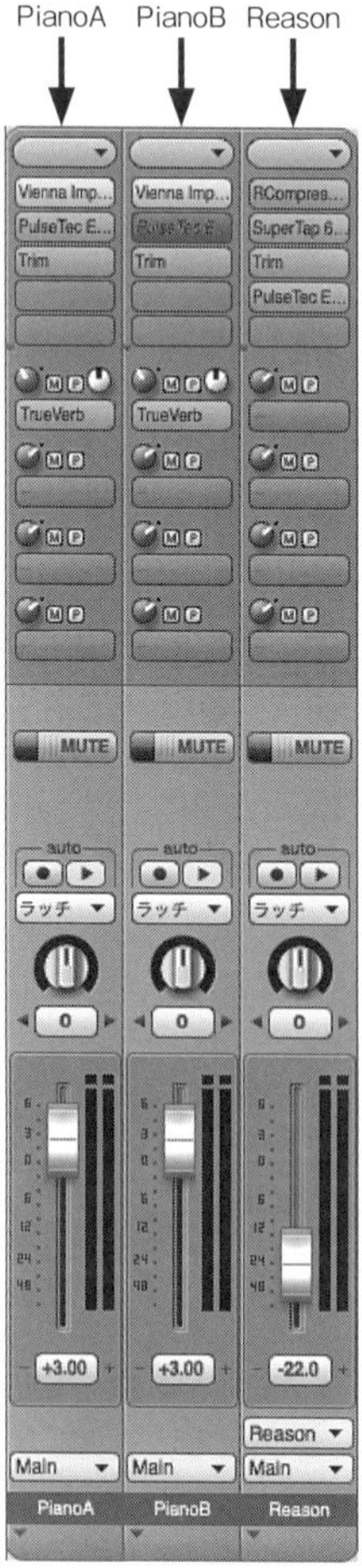

ピアノに比べてエレピ音色のReasonトラックのボリュームがかなり小さいことがわかる。エレピは隠し味のように加えたい音色だったので小さい音で十分であったし、これくらいがイメージにあうボリュームバランスだったということだ。

また、ピアノはPianoA、PianoB、２つのトラックに分けた。１５４ページのベースのところで解説したケースと同じで、大きめのベロシティでありながら音量をおさえたい音のためにPianoBを作った。フェーダーではどちらも〝プラス３〟となっているが、PianoBのエフェクターを見てみると、Pulse-Tec EQがＯＦＦになっている。その分PianoBのほうは音量が下がって聞こえる。PianoBが演奏しているのは、２３２ページのピアノロールのなか、⬇で示した音符だ。その3音だけは入力したベロシティよりも音量が小さく聞こえる。

これで完成だ（オーディオファイル30）。ＣＤ化にあたり水の自然音を重ねた。そうしてできあがった音がオーディオファイル31。

⬇ ♪オーディオファイル30

⬇ ♪オーディオファイル31

当初のイメージを音でうまく表現できたと思うが、皆さんはどのような印象を持たれただろうか。この曲は最終的には13分を越える曲となった。

第4章で取り上げた曲が収録されたCD

こころが穏やかになる《静かなおんがく》(発売:株式会社デラ)
収録曲(1 ひとしずく、広がってゆく波は遥かに/2 木立ちを映す鏡、そよ風ににじむ/3 ぽっかりと、ただよい流れる雲ひとつ/4 緑と黄色の丘の上、青い空のそのむこうに/5 淡くて碧い月がある) 全5曲 収録時間74分
株式会社デラのホームページ http://www.della.co.jp/

COLUMN

完コピのススメ

良い音を出すことができるようになるための練習方法として、サウンドをそっくり真似る完コピをおススメする。

完コピする曲は、自分が尊敬するアーチストの曲、フィーリングが自分の感覚にあう曲など、なんでもOK。そのためには音符のコピーはもちろん、本文でも重点的に説明して来た微妙な音の長さの違い、強弱などもコピーしなければならないし、エフェクターを含めた音色も真似なければならない。すべてを習得していなければそっくりな音にはならないからハードルはかなり高いが、その苦労は確かなスキルとして帰ってくるだろう。

この方法の最大の利点は、オリジナルの音を目標とするから、出さなければならない音が実際に聞こえているということにある。曲の中で低音はどのくらい出ているのか、リバーブはどれくらいかかっているのか、そういったことを実践をともなって覚えることができる。

DAWにコピー対象のファイルを読み込み、テンポをあわせて耳コピを開始する。詳しい方法は私が書いた『耳コピ力アップ術』を読んでほしい。聞き取る力(耳)を鍛えたり、必要な音楽理論を習得したり、他の楽器に埋もれて聞き取れないときの対処法まで、さまざまな角度から耳コピする力を養えるように書いた。幅広く音楽制作活動に役立つと思う。

あとがき

〝天は二物を与えず〟

〝二兎を追う者は一兎をも得ず〟


これが良い音を出すために必要な考え方だ。

人間、生きていれば必ずしも一羽の兎を追い続けることはできないかもしれない。また、二兎を追う、一兎を追う、どっちの生き方がその人にとって幸せかはわからない。しかし、一兎をどれだけ追い続けることができるかで、良い音レベルが変わってくることは確かだと思う。

本文では高飛車に書いてきた私も、皆さんと同じくミューズという音楽の神様に試練を与えられている一人である。私はどれだけ一羽の兎を追ってこられただろうか。反省すべきことはいくつも思い出させられる。この本を書いたことをきっかけとして、心を新たにして、さらに一羽の兎を追いかけるような人生を歩みたいと思う。

このような特殊な題材の本の出版を決めてくださった株式会社スタイルノートの池田さん、素敵な本に仕上げてくださった同社の冨山さんに感謝を述べたい。

永野 光浩（ながの・みつひろ）
国立音楽大学作曲科卒。尚美学園短期大学講師、東京外国語大学アジア・アフリカ言語文化研究所共同研究プロジェクト研究員等を経て、現在、東海大学非常勤講師、八王子音楽院講師、国立音楽院講師。多くのテレビ番組のタイトル曲やCM 曲を創るほか、オフィスビルや商業施設などの環境音楽、航空機内環境音楽等を作曲している。また、多くの作品集も出している。
CD に、「クリスタルヒーリング」、「和カフェ」、「疲労解消のための音楽」、「至福の眠りの音楽」（いずれも株式会社デラ）など多数。
著書に、『耳コピ力アップ術』、『DTMトラック制作術』、『DTM オーケストラサウンドの作り方』、『新・プロの音プロの技』、『音を大きくする本』（いずれもスタイルノート）など多数。
ホームページ：http://www2.odn.ne.jp/onken/

良《よ》い音《おと》の作《つく》り方《かた》
——永野《ながの》光浩《みつひろ》流《りゅう》・ＤＴＭ《ディーティーエム》音楽制作《おんがくせいさく》仕《し》事術《ごとじゅつ》

発行日●2017 年 5 月 15 日　第 1 刷

著　者●永野光浩《ながのみつひろ》
発行人●池田茂樹
発行所●株式会社スタイルノート
〒 185-0021
東京都国分寺市南町 2-17-9 ARTビル5F
電話 042-329-9288
E-Mail books@stylenote.co.jp
URL http://www.stylenote.co.jp/

装　幀●大野文彰（大野デザイン事務所）
印　刷●シナノ印刷株式会社
製　本●シナノ印刷株式会社

ISBN978-4-7998-0159-8 C1073
